Die sieben Weltreligionen

Geschichte, Grundsätze
des Glaubens und Rituale

Die sieben Weltreligionen

Geschichte, Grundsätze des Glaubens und Rituale

NEUER
KAISER
VERLAG

Inhalt

Einführung

Heute leben ungefähr 2,2 Milliarden Christen, 1,6 Milliarden Muslime, 1 Milliarde Hindus, 380 Millionen Daoisten, 360 Millionen Buddhisten, 14 Millionen Juden und 10 Millionen Konfuzianer auf der Erde sowie Millionen Gläubige, die anderen Theorien und Lehren anhängen. In den Zeiten der Globalisierung und multikulturellen Gesellschaft treffen wir überall Menschen mit verschiedenen Normen, Werten und Glaubenssystemen. Mit welcher Geisteshaltung sich Menschen begegnen, hängt von ihrem Wissen ab. Der erste Schritt in die Zukunft geht also dahin, Kulturen und Religionen kennenzulernen und damit Handlungen, Politik und Moral im alltäglichen Leben und im Weltgeschehen zu verstehen.

Milliarden Menschen bekennen sich zu einer Religion und richten ihren Alltag nach bestimmten Lehren, Kulten und Brauchtümern aus. Sie glauben an Gott, Allah, Vishnu oder Shiva, an Karma und Weltenordnung, Heilige und Bodhisattvas, Nirwana oder das Jenseits. So unterschiedlich ihre Bekenntnisse auch sind, sie alle verbindet das Bedürfnis nach Spiritualität und Religiösität.

Religion heißt im wörtlichen Sinne nach seiner lateinischen Herkunft „Gebundensein". Das Wort *religio* bedeutet Glaube, Kult und eben auch Verpflichtung. Religion kann ebenso mit *re-ligo* (zurück-verbinden) interpretiert werden, der Sehnsucht nach der Rückverbindung mit dem Göttlichen, und spricht damit einen Teil des Inhalts an: die Suche nach dem Sinn des Lebens und der Frage nach dem Jenseits. Religiöse Menschen glauben, dass persönliche oder unpersönliche transzendente Kräfte in ihrem Leben, auf der Erde und im Universum wirken. Dieser Glaube bestimmt den Alltag im Denken, Fühlen und Handeln.

Die großen Religionen unterscheiden sich in zahlreichen Praktiken, Kulten, Ansichten und der Antwort auf die Sinnfrage. Ihnen gemein ist die Gewissheit des Göttlichen, der Glaube an ein geordnetes sittliches Prinzip und die Möglichkeit der eigenen Vervollkommnung. Und doch ist jedes Leben und Erleben einer Religion von der einzelnen Person abhängig, von ihrer religiösen Erziehung, der Kultur, in die sie hineingeboren wurde, und von weiteren sozialen Aspekten.

In diesem Buch werden die sieben größten und ältesten Religionen, die bis heute in vielen Teilen der Welt praktiziert werden, vorgestellt:

Judentum, Christentum, Islam, Hinduismus, Buddhismus, Konfuzianismus und Daoismus.

Nach ihrer Verbreitung und nach den Grundzügen ihrer Inhalte können sie in westliche und östliche Weltanschauungen unterteilt werden. Die westlichen mit Judentum, Christentum und Islam gehen von einer linearen Zeitrechnung aus. Gott erschuf zu Beginn die Welt und wird an deren Ende das Tun und Handeln eines Menschen abwägen. Die Glaubenslehren sind in Kirchen, Institutionen und Hierarchien organisiert. Die östlichen Religionen mit Hinduismus, Buddhismus, Konfuzianismus und Daoismus sehen die Zeit als zyklische Erscheinung. Es gibt weder Anfang noch Ende, sondern ein ehernes Prinzip, wodurch alles ständig vergeht und sich erneuert. Hier stehen verschiedene Schulen, Heilsysteme und Autoritäten nebeneinander.

Und so unterschiedlich die Weltanschauungen in ihrer Entstehung und ihren Aussagen sind, beim Studium lassen sich die Gemeinsamkeiten erkennen. Jesus, Laotse, Buddha und viele andere Stifter kritisierten die Zustände, auch die vorhandenen Religionen, und predigten Liebe und Güte, Barmherzigkeit und Mitgefühl in fast ähnlichen Worten. Und wie auch immer sich die Lehren darstellen, so mahnen sie: Der Mensch ist für sein Tun verantwortlich.

Die gefährliche Kali wird als Göttin des Todes in Indien bis heute verehrt. Indem sie Leben vernichtet, schafft sie Platz für neues Leben. In manchen Darstellungen tropft von ihrer Zunge Blut. Um den Hals trägt sie eine Kette aus Totenschädeln. Unter ihr liegt ihr Gatte Shiva, bereit, ihre Kräfte zu empfangen.

Judentum

Judentum

Die jüdische Religion kann auf eine jahrtausendealte Geschichte zurückblicken. Ihr mythischer Urvater Abraham bekehrte die Menschen in vorbiblischer Zeit zum Monotheismus und stellte die ersten Gebote auf. Unter Moses soll Gott einen Bund mit dem auserwählten Volk geschlossen und es Israel genannt haben. Seit ihrer Zerstreuung vor etwa 2000 Jahren über die Völker der Erde hofften die Israeliten der Diaspora immer auf die Rückkehr in ihr Heiliges Land Kanaan.

Seit der Diaspora vor 2000 Jahren und nachfolgender Judenvertreibungen leben Millionen Menschen jüdischer Herkunft über die ganze Welt verstreut. Mit der Gründung des Staates Israel im Jahre 1948 fanden 4,6 Millionen Jüdinnen und Juden dort eine neue Heimat, nachdem sie Jahrhunderte an Repressalien, Verfolgung und Ermordung über sich ergehen lassen mussten. Heute gehören noch etwa 14 Millionen Menschen dem Judentum an. Davon leben nur etwa 6 Millionen in Israel. Mit etwa 8 Millionen Gläubigen leben die meisten Juden in den USA. Alleine in New York gibt es etwa 2 Millionen Juden, was die Stadt zum größten Ballungsraum jüdischer Menschen werden lässt. Damit liegt New York sogar vor der israelischen Großstadt Tel Aviv.

Der Davidstern in Form eines Hexagramms gehört zu den Symbolen des Judentums. Er ist das Wahrzeichen des Zionismus. Benannt wurde der Davidstern nach dem ersten König David.

Die Karte zeigt Staaten mit einem jüdischen Bevölkerungsanteil von mehr als 100 000 Einwohnern in gelber Farbe.

„Und du sollst Jahwe, deinen Gott,
lieben mit deinem ganzen Herzen,
deiner ganzen Seele
und deiner ganzen Kraft.“

Moses, Dtn. 6,4 f.

Die *Klagemauer auf dem Tempelplatz in Jerusalem ist das zentrale Heiligtum der Juden. Dahinter ist die goldene Kuppel des Felsendoms zu sehen.*

Was ist Judentum?

Das Judentum ist die älteste monotheistische Religion, die nur einen alleinigen Gott in den Mittelpunkt stellt und jeglichen Götzendienst verbietet. Bereits vor mehr als 3000 Jahren, so glauben Jüdinnen und Juden, schloss der Schöpfergott einen Bund mit ihrem Volk, das sich Israel nennt. Dazu gab er Moses die Gesetze in die Hand, nach denen Israeliten ihr Leben ausrichten sollen. In einem religiös bestimmten Alltag und mit dem Einhalten aller Gebote, die in der heiligen Schrift Thora stehen, begehen die Gläubigen den Weg des Herrn, ihres Gottes. Juden glauben, dass in der Zukunft die Welt aus einem gesamten Volk aus Priestern bestehen wird. Auf diesem Weg dahin versuchen die Gläubigen den Alltag so weit wie möglich zu heiligen. Wer sich ihnen anschließt und den Glauben studiert und annimmt, gilt als ein Mitglied Israels, des auserwählten Volkes.

Das Judentum ist aber auch die Mutter zweier anderer Glaubenslehren: des Christentums und des Islam.

Abrahams Söhne Isaak und Ismael werden als die Väter der abendländischen und arabischen Völker gesehen. Isaak ist der Urahne des Predigers Jesus, aus dessen Leben und Wirken sich das Christentum entwickelte, und Ismael des Propheten Mohammed, der den Islam stiftete.

▦ Gott, der Einzige

Im Judentum ist Gott der einzige, allzeit gegenwärtige Schöpfer der Welt, der Richter der Menschen. Er ist ohne Gestalt, unsichtbar und jenseits der Fähigkeit des menschlichen Verstehens. Seine wichtigsten Attribute sind Gerechtigkeit und Barmherzigkeit. Gottes Name ist YHWH (Jahwe), der früher zu heilig war, um ausgesprochen zu werden. Ersatzwörter wie Adonei, mein Herr, halfen deshalb, ihn zu preisen. Gott verlieh den Menschen einen freien Willen und teilte damit die Macht über die Welt mit ihnen. Die Lehre besagt, dass Menschen die Neigung zum Guten und Bösen von Geburt an in sich tragen. Für ihre Handlungen müssen sie aber die Verantwortung selbst übernehmen und zwischen Richtig und

Was bedeutet ...

Amida	Gebet im Stehen	**Midrasch**	Erklärung der biblischen Schrift
Barches	ungesäuertes Weizenbrot in Zopfform	**Rabbi**	jüdischer Geistlicher und Lehrer
Chanukka	Lichterfest	**Sabbat**	feierlich begangener Ruhetag
Diaspora	„Wegführung ins Exil", Zerstreuung	**Schema**	Glaubensbekenntnis
		Seder	Familiengottesdienst im Haus am Passahfest
Haggada	Wiedererzählung des Auszugs aus Ägypten	**Schofar**	Widderhorn, Musikinstrument
Israel	„Der für Gott streitet"	**Synagoge**	jüdische Gebetsstätte und Versammlungsraum
Kabbala	jüdische mystische Lehre		
Kaddusch	Heiligung, Nähe zu Gott	**Talmud**	Sammlung rabbinischer Texte, aus Jerusalem und Palästina
kascher/ koscher	geeignet, mit jüdischem Gesetz vereinbar	**Tallit**	Gebetsmantel
Jom Kippur	Versöhnungsfest	**Thora**	die ersten der drei Teile der jüdischen Bibel (Pentateuch)
Menora	Siebenarmiger Leuchter		

Während des Purimfestes wird die Geschichte über die bevorstehende Ermordung der Juden und ihre Errettung aus der Thora oder einer extra beschriebenen Pergamentrolle vorgelesen. Der Rabbi trägt den Gebetsschal.

Falsch unterscheiden lernen. Juden glauben an ein Leben im Jenseits. Im Mittelpunkt des Lebens auf der Erde stehen religiöser Alltag und richtiges Handeln.

Ihre jahrtausendealte, teils tragische Geschichte erklären die Gläubigen damit, dass sie nicht immer Jahwe treu gewesen seien, sodass er sie bestrafte. Israeliten hoffen, dass sie durch ein religiöses Leben, die Einhaltung der Gesetze der heiligen Schriften, endlich Versöhnung erlangen können.

Stammväter und Könige

▪ Abraham, Isaak und Jakob

Abraham, der Urvater der Juden, Christen und Muslime, gilt als Stammvater der drei großen monotheistischen Religionen von Judentum, Christentum und Islam. Seine Nachfahren zeugten die Geschlechter des Abend- und Morgenlandes, denn Juden und Christen glauben, dass sie von Abrahams Sohn Isaak abstammen, Muslime sehen Abrahams Sohn Ismael als ihren Urahnen an.

Abraham lebte vor Tausenden von Jahren und wird in der Genesis, dem ersten Buch der Heiligen Schrift, erwähnt. Als Urvater des Monotheismus heißt es über ihn, dass er aus Ur in Chaldäa stammte, nach Haran und Kanaan und später nach Ägypten reiste. Er kehrte nach Kanaan zurück, in das Gelobte Land, das Gott Abraham versprochen hatte: „Deinen Nachkommen will ich dieses Land geben." (1. Mose 12,7) Er verstarb in Hebron in einem Alter von 175 Jahren. Seine Söhne Isaak und Ismael begruben ihn in einer Höhle neben seiner Frau Sara, die im biblischen Alter von 125 Jahren verstorben war.

Juden glauben, Gottes Segen ging über Abrahams und Saras Sohn Isaak und dessen Sohn Jakob auf sie nieder. Jakob erhielt von Gott den Namen Israel, was bedeutet „der für Gott streitet". Seine Söhne Ruben, Simon, Levi, Juda, Issachar, Naphtali, Zabulon, Gad, Aser, Dan, Joseph und Benjamin begründeten die 12 Stämme Israels.

Als Abraham seinen Sohn Isaak auf Gottes Geheiß hin opfern wollte, sendete Gott einen Engel, um dies zu verhindern. Da Abraham Gehorsam gezeigt hatte, wollte ihn Gott belohnen und versprach ihm, dass seine Nachkommen ihre Feinde besiegen und in deren Städten wohnen würden.

▪ Beschneidung

Am achten Lebenstag werden die Neugeborenen als ein sichtbares Zeichen für den Bund zwischen Gott und den Juden beschnitten. Das Gebot stellte Gott an Abraham, woraufhin er sich selbst im Alter von 99 Jahren und seine Söhne beschnitt.

Die messianische Ära

Juden leben in der Erwartung des Messias. Ob es sich dabei um eine menschliche Gestalt handelt, blieb lange umstritten. „Messias" leitet sich aus dem hebräischen Wort für „der Gesalbte" ab. Gesalbt wurden in der vorchristlichen Zeit vor allem Könige und Hohepriester. Als einer der wichtigsten galt David, der das göttliche Versprechen erhielt, dass sein Thron immer in der Hand seiner Nachkommen bleibt.

So muss der Gesalbte, der Messias, ein Nachfahre Davids sein. Wenn dieser auf die Welt herabsteigt, bringt er die Erlösung. In der messianischen Zeit wird Frieden und Gerechtigkeit einziehen und – wie Maimonides sagte – es „weder Hunger und Krieg noch Eifersucht und Streit geben. Alle werden in Wohlstand leben und sich nur noch damit beschäftigen, den Herrn kennenzulernen."

Um Abrahams Treue zu erkunden, forderte ihn Gott auf, seinen Sohn Isaak zu nehmen und ihn auf einem Berg zu opfern (1. Mose 22). Doch als Abraham das Opfer ausführen will, hält ihn ein Engel des Herrn ab. Für Abrahams Gehorsam verspricht ihm der Herr, dass er dessen „Samen segnen und mehren will wie die Sterne am Himmel und wie den Sand am Ufer des Meeres", also Urahn eines großen Volkes zu werden.

Die Beschneidung ist ein Unterwerfungsritual gegenüber Gott, dem damit die Macht über die Fruchtbarkeit zuerkannt wird.

■ Moses, Sinai und die Zehn Gebote

Moses gilt als der Retter des Volkes Israel, als Mittler des Bundes zwischen Gott und seinem auserwählten Volk und als der Überbringer der Gesetze.

Von der geschichtlichen Persönlichkeit ist wenig bekannt. Seine Lebensdaten stammen aus den Erzählungen in der hebräischen Bibel. Demnach wurde er als Kind im Stamm Levi geboren, der wie alle Juden zu dieser Zeit als versklavtes Volk in Ägypten lebte. Um das Neugeborene vor Verfolgung zu retten, setzte es die Familie aus. Eine Tochter des Pharao fand ihn und erzog und bildete ihn nach ägyptischen Prinzipien.

Mit zunehmendem Alter wendete er sich vom Königshaus ab und seinem Volk zu. Nach den biblischen Überlieferungen erschlug er einen Ägypter, heiratete und ließ sich nieder.

Später erschien ihm in der Wüste Gott in der Form eines brennenden Dornenbuschs, der ihn aufforderte, das Volk Israel aus Ägypten in das Heilige Land zu führen. Als der Pharao das Volk nicht ziehen lassen wollte, schickte Gott die zehn Plagen. Nun durfte Moses mit seinen Getreuen Ägypten verlassen.

Am Berg Sinai (Horeb) schloss Gott einen Bund mit Moses und dessen Volk und gab ihm die Zehn Gebote auf steinernen Tafeln, die künftig als Richtmaß des Handelns gelten sollten.

Als Moses vom Berg herabstieg, betete das Volk bereits andere Götzen an, vor allem das goldene Kalb, das auf den Stierkult zurückgeht.

Die *Zehn Gebote* in hebräischer Schrift in der Synagoge.

Moses zerstörte die Götzen und die Tafeln des Bundes. Aufgrund des Bruchs mit Gott musste Israel vierzig Jahre lang durch die Wüste ziehen, bis es endlich das Land Kanaan erreichte. Moses sah es noch vom Berg Nebo aus, wo er verstarb, ohne es je betreten zu haben.

Kanaan, das später von den Römern in Palästina umbenannt wurde, liegt zwischen Wüste und Mittelmeer. Moses oder die ihm entsprechende mythische Person lebte wahrscheinlich zwischen 1300 bis 1000 v. Chr. in Ägypten, denn sein Name ist ägyptischen Ursprungs. In der Bibel steht, dass Gott mit ihm redete „von Angesicht zu Angesicht". Gott offenbarte sich Moses gegenüber als Jahwe, als der, der immer bei ihm sein wird, als der „ewig Seiende". Mit dieser Erkenntnis predigte Moses den Monotheismus, verurteilte

Die Zehn Gebote

„Ich bin Jahwe, dein Gott, der dich aus Ägypten herausgeführt hat, aus dem Sklavenhaus.

1. Du sollst neben mir keine anderen Götter haben.
2. Du sollst den Namen Jahwes, deines Gottes, nicht missbrauchen.
3. Denk an den Sabbat, halte ihn heilig.
4. Ehre deinen Vater und deine Mutter, damit du lange lebst in dem Land, das Jahwe, dein Gott, dir gibt.
5. Du sollst nicht morden.
6. Du sollst nicht ehebrechen.

7. Du sollst nicht stehlen.
8. Du sollst nicht falsch Zeugnis gegen einen anderen sprechen.
9. Du sollst nicht die Frau eines anderen begehren.
10. Du sollst nicht das Haus eines anderen begehren, seinen Sklaven oder seine Sklavin, sein Rind oder seinen Esel oder irgendetwas, was dem anderen gehört."

Der Salomonische Tempel

Der Tempel des Salomo stand in Jerusalem an der Stelle, wo sich heute der Felsendom erhebt. In dessen Innerem befand sich in einer heiligen Kammer die Bundeslade mit den steinernen Tafeln der Zehn Gebote, die Moses am Berg Sinai von Gott empfangen hatte. 586 v. Chr. zerstörten die Babylonier den Tempel. Serubbabel ließ ihn zwischen 550 und 515 v. Chr. wieder aufbauen und Herodes später erneuern. Der Tempel diente als zentrale Stätte, in der Hohepriester ihr religiöses Amt verrichteten, aber auch politische Entscheidungen verkündeten. Nach der Eroberung Jerusalems durch die Römer ließ Titus das Bauwerk im Jahre 70 n. Chr. vollständig niederbrennen. Übrig blieb eine Mauer aus dem westlichen Bezirk, die den Juden heute als „Klagemauer" dient.

Geschichte

Vor 1300 v. Chr.	Lebenszeit von Abraham, Isaak und Jakob	**198 v. Chr.**	Die Syrer kommen nach Judäa.
1300 v.Chr.	Lebenszeit von Moses, Flucht aus Ägypten	**66–73 v. Chr.**	Erster jüdischer Krieg gegen Rom
1300– 1000 v. Chr.	Siedlung des Volkes Israel im Land Kanaan	**63 v. Chr.**	Palästina wird römische Provinz.
1000 v. Chr.	König David herrscht über das Volk Israel.	**10 v. Chr. – 44 n. Chr.**	König Herodes regiert.
960 v. Chr.	Salomo wird König und lässt den ersten Tempel bauen.	**70 n. Chr.**	Die Römer unter Titus zerstören Jerusalem und den Tempel, der Beginn der Diaspora.
925 v. Chr.	Israel zerfällt in die Königreiche Israel und Judäa.	**132–135**	zweiter jüdischer Krieg (Bar-Kochba-Aufstand)
722 v. Chr.	Assyrer zerstören das Königreich Israel, die zehn Stämme verschwinden.	**400**	palästinensischer Talmud beendet
		500	babylonischer Talmud beendet
586 v. Chr.	Nebukadnezar erobert das Königreich Juda, Salomos Tempel wird zerstört, jüd. Familien werden in babylonische Gefangenschaft verschleppt.	**ca. 550**	Juden werden aus dem bürgerlichen Leben in Palästina ausgeschlossen.
		7. Jh.	Muslime erobern Palästina.
		882-942	Lebenszeit des Religionsgelehrten Saadia Gaon in Babylon
538 v. Chr.	Perser erobern Babylon, das jüdische Reich wird wieder errichtet.	**1000–1200**	das goldene Zeitalter der Juden in Spanien
516 v. Chr.	Der zweite Tempel in Jerusalem entsteht.	**1096**	Massaker an Juden im Rheinland während des Kreuzzuges
		1135–1204	Moses Maimonides lebt.
332 v. Chr.	Alexander der Große erobert Judäa.	**1200**	Die Kabbala kommt nach Europa.

Stich aus dem 19. Jahrhundert, der den alten jüdischen Friedhof in Prag zeigt, dessen älteste Grabsteine aus dem 14. Jahrhundert stammen.

1492	nach dem Sieg über die Araber Vertreibung der Juden aus Spanien durch die Katholiken
ab 1500	Die Inquisition der katholischen Kirche ermordet Tausende zum Christentum zwangskonvertierter Juden in Spanien auf dem Scheiterhaufen.
1488–1575	Lebenszeit Joseph Karos, des Verfassers des „Schulcha Aruch"
1516	Erstes Ghetto entsteht in Venedig.
1555	Eine päpstliche Bulle ordnet die Gründung von Ghettos und die Zusammentreibung der Juden an.
ab 16. Jh.	Juden siedeln sich in Polen, Russland und Osteuropa an.
1648	Massaker an Juden in der Ukraine
1665	Sabbatai Zewi sieht sich als Messias.
1729–1786	Lebenszeit von Reformer und Bibelübersetzer Moses Mendelssohn
18. Jh.	Der Chassidismus verbreitet sich von Osteuropa aus, die Reformbewegung greift um sich.
1806	Napoleon verleiht den Juden bürgerliche Ehrenrechte, die Emanzipation der Juden wird eingeläutet.
1808–1888	Lebenszeit des Reformers Samson Raphael Hirsch
1846	Das Reformjudentum spaltet sich in drei Richtungen.
1850	Das orthodoxe Judentum erfährt eine Reform.
1897	erster Zionistenkongress in Basel
1933–1945	die Schoah, Ermordung von 6 Mio. Juden durch das nationalsozialistische Deutschland

1948 wurde der Davidstern in die Staatsflagge Israels aufgenommen.

14. Mai 1948	Das britische Mandat über Palästina erlischt, der Staat Israel wird gegründet.
17. Mai 1948	Truppen der arab. Staaten gehen gegen jüd. Ansiedlungen vor, Jordanien erobert Altstadt von Jerusalem, Ägypten besetzt Gaza.
3. Juni 1949	Waffenstillstand
1950	Ostpalästina wird Jordanien einverleibt, Jerusalem bleibt getrennt.
1967	Sechstagekrieg zwischen Israel und Arabien, Israel besetzt das Westjordanland, Ostjerusalem, die Golanhöhen und den Sinai.
1972	Die erste weibliche Rabbinerin wird geweiht.
1973	Am Jom-Kippur-Tag ist Israel in eine arabische Invasion verwickelt.
1979	Friedensvertrag zwischen Ägypten und Israel
1987	Intifada der Palästinenser in Gaza und Westjordanland beginnt.
1988	Jordanien verzichtet zugunsten der Palästinenser auf das Westjordanland.
1993	Unterzeichnung der gegenseitigen Anerkennung von Israel und Palästina
1994	Friedensvertrag mit Jordanien
seit 2000	anhaltende blutige Auseinandersetzungen zwischen Palästinensern und Israelis

die Götzenanbetung und bestimmte die Bildlosigkeit des Glaubens. Er führte das Volk aus der Unterdrückung, vermittelte den Bund zwischen Gott und Israel, gab ihm die Zehn Gebote sowie die Gesetze der Thora und brachte es in ein fruchtbares Land.

Könige Saul, David und Salomo

In Kanaan lebte das Volk Israel zunächst unter dem Verbund der Stammesoberhäupter. Nach etwa 300 Jahren bildete sich ein Reich heraus, das von den Königen Saul, David und Salomo geführt wurde. Unter ihnen gelangte das Land zu großer Blüte. Innere Streitereien führten schließlich zur Trennung in das Königreich Israel im Norden und das Königreich Judäa im Süden. Zu dieser Zeit traten zahlreiche Propheten auf, um an den Jahwe-Glauben zu erinnern.

722 v. Chr. zerstörten die Assyrer das Königreich Israel und deportierten die zehn Stämme in das Zweistromland.

586 v. Chr. eroberte Nebukadnezar das Königreich Judäa und unterwarf die Familien der babylonischen Gefangenschaft. Der große Tempel Salomos wurde zerstört.

Diaspora – die Zerstreuung

Titus eroberte 70 n. Chr. Jerusalem und plünderte das damalige religiöse und politische Zentrum. Er nahm seine Beute mit nach Rom und vertrieb die reichere jüdische Bevölkerung aus Jerusalem in die Diaspora.

Damit begann jener lange Weg des jüdischen Volkes, der von Vertreibung, Verfolgung und Zerstreuung unter die Völker der Erde geprägt ist.

In Spanien, Mitteleuropa, Osteuropa und Amerika entstanden jüdische Gemeinden. Die Jüdinnen und Juden hielten auch in der Fremde an ihren Geboten und dem religiösen Leben fest. Überall auf der Welt bewahrten sie in der Diaspora ihre Identität, konzentrierten sich auf das Studium der Bücher und gaben niemals die Hoffnung auf, einst wieder im Heiligen Land ihrer Vorfahren zu leben.

Juden und Christen

Erst 1965 nahm die Theologie der Verachtung, die Christen den Juden entgegenbrachten, ihr Ende. Die Kirche ließ den *perfidicus judaeus* aus der Liturgie streichen. Vorausgegangen war ein Streit, der über Jahrtausende ging. Demnach wurde Jesus, der als Jude lebte und Juden predigte, von Juden verurteilt. Da die christliche Kirche aber Jesus als leiblichen Sohn Gottes ansieht, verurteilten sie die Juden als Gottesmörder.

Aus diesem Hass entwickelten sich für die Israeliten zahlreiche Repressalien, die von der Obrigkeit durchgesetzt wurden. Die Erlässe des Papstes führten schließlich dazu, dass die Juden in Ghettos leben mussten, kein bestimmtes Handwerk ausüben durften und eine Erlaubnis zum Wohnen brauchten.

Berufe

Von der Spätantike an war den Juden nur die Ausübung bestimmter Berufe gestattet. Da sie nicht in eine Gilde eintreten durften, blieb ihnen nur der Kleinhandel. Mancherorts war die Aufenthaltsgenehmigung auch an die Auflage geknüpft, eine Bank zu eröffnen. Christen war der Handel mit Geld verboten, sodass die Juden alle Bank- und Geldgeschäfte tätigen mussten. Juden ergriffen zudem typisch jüdische Berufe wie Rabbiner, Lehrer oder Mediziner.

Eines der Denkmäler für die ermordeten Menschen jüdischer Herkunft steht in der Anlage Yad vashem in Jerusalem, die 1953 eingeweiht wurde.

■ Die Schoah – die systematische Ausrottung

Ab dem 12. Jahrhundert, vor allem in der Zeit der Kreuzzüge, erfuhren die jüdischen Gemeinden zunehmend Leid, Repressalien und blutige Massaker. In den folgenden Jahrhunderten waren sie immer wieder Zielscheibe für Vertreibungen, Beschimpfungen und Schuldzuweisungen, so etwa als Brunnenvergifter und Verursacher der Pest im Mittelalter.

Ihren Höhepunkt erreichte die Judenverfolgung im 20. Jahrhundert mit gezieltem organisierten Mord. Im nationalsozialistischen Deutschland ließen die Machthaber um Adolf Hitler von 1933 bis 1945 alle diejenigen Menschen in Konzentrationslager deportieren, die dem jüdischen Glauben folgten oder jüdische Vorfahren hatten. In Gaskammern, durch Erschießungskommandos, Folterungen oder Qualen ermordeten die Deutschen etwa sechs Millionen jüdische Menschen, darunter 1,5 Millionen Kinder.

Konzentrationslager

Im nationalsozialistischen Deutschland entstanden ab 1933 Konzentrationslager als Instrumente staatlichen Terrors. Hier wurden Juden und Andersdenkende systematisch ermordet. Zwangsarbeit, Hunger, Seuchen, Quälereien, Bestrafungen und von Ärzten angeordnete Experimente führten dazu, dass die Menschen starben oder unter gesundheitlichen Schäden litten.

Ab 1941 wurden Vergasungs- und Verbrennungsanlagen für die systematische Ermordung innerhalb der Lager gebaut. Zwischen 4,5 und 6 Millionen Juden wurden bis 1945 in Auschwitz, Maidanek, Belcec, Chelmno, Sobibor und Treblinka, Buchenwald, Flossenbürg, Mauthausen, Ravensbrück, Bergen-Belsen, Neuengamme, Groß-Rosen, Natzweiler, Theresienstadt, Stutthof und Riga ermordet.

Das kunstvoll verzierte *Schild* zeigt die beiden Gesetzestafeln mit den Zehn Geboten. Die Krone versinnbildlicht das Königtum der Thora und erinnert an das Königreich Salomos.

Die drei Teile der hebräischen Bibel sind:

1. die Thora mit den fünf Büchern Mosis, dem Pentateuch, das Gesetz

2. die Nebiim, frühere und spätere Propheten und

3. Ketubim, die Schriften.

Die heiligen Schriften

◼ Tenach und die Verkündigungen Gottes

Seit seiner Vertreibung aus dem Heiligen Land stützt sich das jüdische Volk auf die Schriften, die in der Diaspora einen zentralen Halt geben.

Als heilige Schrift gilt der TeNaK (= Tenach), die hebräische Bibel, die bei den Christen Altes Testament heißt und dort in einer etwas anderen Reihenfolge der Bücher vorliegt. Die Texte wurden hebräisch und an einigen Stellen auch aramäisch verfasst.

Die hebräische Bibel besteht aus 24 Schriften. Im Tenach lassen sich mehrere Thora-Auffassungen unterscheiden, die Thora, die von den Priestern mündlich überliefert wurde, die Thora Jahwes der Propheten Hosea und Jeremia sowie die Thora von Mose, die dieser selbst niedergeschrieben haben soll.

Die Thora sehen die Gläubigen als Offenbarung, als Gnade Gottes für sein Volk an. So sind auch alle 613 Einzelbestimmungen (Miswot) zu sehen, die sich in 248 Gebote des Tuns und 365 Gebote des Nicht-Tuns aufspalten. Sie einzuhalten gibt den jüdischen Gläubigen die Möglichkeit, auf ein Leben bei Gott hinzuwirken.

Aus der *Thora* wird während des Gottesdienstes in der Synagoge gelesen. Seit dem 4. Jahrhundert werden die fünf Bücher Mosis sowie die Lehren, Gesetze und Gebote des jüdischen Lebens auf eine Pergamentrolle geschrieben und in einem Kasten verwahrt.

Der Talmud gliedert sich in 63 Traktate auf sechs Ordnungen mit den Themen:

1. Regeln über Benediktionen, Landwirtschaft und Abgaben

2. Vorschriften über Sabbat, Fest- und Feiertage

3. Eherecht und Gelübde

4. Vorschriften im Zivil- und Strafrecht

5. Kultische Anweisungen

6. Vorschriften über rituelle Reinigungen

Die Thora wird in der Synagoge als geschriebene Rolle in einem „Heiligen Schrein" aufbewahrt, der die Richtung nach Jerusalem anzeigt. Ein Vorhang schützt den Schrein gleich dem im ehemaligen Jerusalemer Tempel, der vor dem Allerheiligsten hing. Die Thorarolle selbst ist zu heilig, um mit der Hand berührt zu werden. Beim Lesen wird die Rolle an den Griffen gehalten und die Zeile mit einem kunstvoll gearbeiteten, handförmigen Zeigestock verfolgt.

Das Vorlesen der Thora in der Synagoge spielt im Gottesdienst eine wichtige Rolle, ebenso wie das Studium zu Hause.

Versilberter Deckel mit der Menora, dem Sieben-armigen Leuchter, einem weiteren zentralen Symbol des Judentums.

Der Talmud

Der Talmud, der wörtlich genommen „Studium" oder „Lehre" bedeutet, kann als Auslegungen der Traditionen bezeichnet werden. Er besteht aus Mischna und Gemara. Mischna sind die verschiedenen Traktate jüdischer Gesetzeslehrer

aus dem 1. bis 3. Jahrhundert mit Erklärungen für Begriffe und Normen, Erzählungen und Bibelauslegungen. Die Gemara ist als Protokoll der Gespräche zwischen den alten Meistern zu bestimmten Situationen überliefert. Gelehrte richten sich heute eher nach dem neueren babylonischen Talmud als nach dem älteren palästinensischen Talmud.

Siddur und Haggada

Der Siddur ist das Gebetsbuch mit Gebeten für den Alltag, den Sabbat und besondere Festtage. Es unterscheidet sich in den verschiedenen Versionen der Aschkenasim, der Sephardim, der Orthodoxen, der Konservativen und der Reformjuden.

Die Haggada ist die Wiedererzählung des Auszugs aus Ägypten unter Moses. In ihr vermischen sich die alten Bücher Moses mit den rabbinischen Erzählungen. Sie dient als Grundlage für das Passah-Fest.

Die Kabbala

Die Kabbala dokumentiert die klassische Mystik der Juden. Sie befasst sich mit den Geheimnissen des Kosmos. Dazu interpretieren Gelehrte die Genesis der hebräischen Bibel und die Visionen Hesekiels vom Jenseits. Die esoterische Herangehensweise an die Texte der Thora soll einen Zugang zu Gott und ein Verständnis des Schöpfungsaktes ermöglichen. In der Kabbala haben die Buchstaben des arabischen Alphabets spezielle Bedeutungen, ebenso die Zahlen.

Die Rollen des Buches Jesaja im Schrein des Buches in Jerusalem.

Religiöse Pflichten und jüdisches Leben

Ein gläubiger Jude betet dreimal am Tag. In der Vergangenheit war den Männern der Gang in die Synagoge und das Studium der Thora vorbehalten. Frauen sorgten für das jüdische Leben zu Hause mit allen Ritualen und erzogen in diesem Sinne die Kinder. Die Reformbewegung brachte eine Reihe von Veränderungen. Heute gehen Männer wie Frauen zum Gebet in die Synagoge und studieren die Thora. Auch das Gebet zu Hause nimmt den Stellenwert eines Gottesdienstes ein. Das alltägliche Leben bestimmen die Gebote der Bibel. Das zentrale Bekenntnis Schema (Sch'ma) wird im Morgen- und Abendgottesdienst gebetet.

An allen werktägigen Gottesdiensten sprechen die Gläubigen das 18-Bitten-Gebet (inzwischen 19), das Bitten und Danksagungen enthält. Als eines der wichtigsten Gebete ist auch das Alenu („An uns") anzusehen, das bereits im 3. Jahrhundert entstand.

Der acht- oder neunarmige Leuchter wird zum Chanukkafest entzündet.

■ Koscher

Koscher bedeutet „geeignet". Nach jüdischem Recht sind nur bestimmte Lebensmittel zum Verzehr geeignet, also koscher. So dürfen nach der Bibel nur wiederkäuende Paarhufer verzehrt werden, das sind Kälber, Schafe, Ziegen, aber keine Schweine. Auch Tiere, die am Boden leben wie Schlangen oder Insekten, sind verboten. Ebenso Schnecken und verschiedene Meeresfrüchte.

Für das Schlachten gilt ein spezielles Ritual, das Schächten, wobei die Tiere ausbluten sollen, denn Blut ist heilig und Eigentum Gottes, weshalb es nicht verzehrt werden darf. Jedes Fleischstück muss vor der Zubereitung vollkommen ausgeblutet sein. Mit besonderer Technik – und von Tierschützern strengstens abgelehnt – blutet das (betäubte) Tier beim Schächten an der Halsschlagader aus. Auch Milch und Fleisch darf nicht miteinander vermischt und gemeinsam

Die dreizehn Glaubensartikel

1. Gott ist der Schöpfer.
2. Gott ist einzig.
3. Gott ist unkörperlich.
4. Gott ist ewig.
5. Das Gebet richtet sich nur an Ihn und an keinen anderen.
6. Die Propheten haben wahr gesprochen.
7. Moses war der größte unter den Propheten.
8. Die Thora ist Moses übergeben worden.
9. Die Thora ist unwandelbar.
10. Gott ist allwissend.
11. Er wirkt durch Belohnung.
12. Der Messias wird eines Tages kommen.
13. Die Toten werden aus den Gräbern auferstehen.

von Maimonides

Den Sabbat begehen jüdische Familien ab Freitagabend mit einer Feier, die Rituale, Segnungen und Sitten, wie in dieser Abbildung aus dem 19. Jahrhundert, bestimmen.

zu sich genommen werden, da im zweiten Buch Moses darauf hingewiesen wird, dass das ,,Böcklein nicht in der Milch seiner Mutter" gekocht werden dürfe. Streng gläubige Juden besitzen deshalb ein Kochgeschirr für Fleisch und eines für Milchgerichte. Käse und andere Speisen unterliegen ebenfalls dem rabbinischen Gütesiegel.

Lebensmittel unterliegen einem Gütesiegel, sie müssen „koscher" sein. Die Reinheit ergibt sich aus der Einhaltung verschiedener Gesetze nach Anbau und Verarbeitung. So dürfen keine Milch- und Fleischprodukte zusammen verwendet werden.

Sabbat

Als eines der wichtigsten Gebote gilt die Heiligung des Sabbat. Der Ruhetag, an dem Arbeit verboten ist, beginnt am Freitagabend bei Sonnenuntergang. Der Sabbat verweist auf den siebten Tag, an dem Gott sich nach seiner sechstägigen Schöpfung ausruhte. Früher begann die Woche mit dem Sonntag und endete mit dem Sonnabend (Samstag). Um sich von den Juden abzusetzen, verschoben die Christen den Wochenanfang auf den Montag, wodurch der Sonntag in der darauf fußenden Kalenderregelung zum letzten Tag der Woche wurde.

Am Sabbat ist jegliche Arbeit verboten. Der Tag dient dem Studium, der Ruhe, der Betrachtung und dem Gebet.

Bei Sonnenuntergang am Freitagabend zünden die Gläubigen die Lichter des sechsarmigen Sabbatleuchters an, als Zeichen dafür, dass Gott in sechs Tagen die Schöpfung vollendete und das Licht brachte. Der Sabbat selbst wird „wie eine geliebte Braut" empfangen und mit entsprechenden Worten besungen. Das zopfförmige Weizenbrot, die Barches, ist ein „Segensbrot" für den Sabbat und erinnert an die Speisung durch den Herrn mit Manna in der Wüste. Mit der besonderen Feierlichkeit soll der Sabbat vom Alltag abrücken und auf die künftige Welt hinweisen. Der Sabbat endet am Samstagabend.

Die Synagoge

Nach der Zerstörung des Tempels in Jerusalem und der Zerstreuung des Volkes Israel bauten sich die Gemeinden Synagogen als einen Ort der Begegnung, des Ratspruchs und des gemeinsamen Gebets. Synagoge bedeutet in seinem griechischen Ursprung „Versammlung".

Im ursprünglichen Sinne diente die Synagoge als ein „Zelt der Begegnungen", in dem Gott Frieden spricht.

Dadurch, so glauben die Juden, findet sich Liebe, Zuneigung, Freundschaft, Gerechtigkeit und Frieden in der Welt.

Die Gebäude sind nach Jerusalem ausgerichtet, ebenso wie der Schrein im Inneren, in dem die Thorarollen untergebracht sind. Sie gelten als heilig, im Gegensatz zur Synagoge, die aufgrund ihres ursprünglichen Charakters ein Haus der Begegnungen ist. Wo in der christlichen Kirche der Altar steht, findet sich hier die Bima, von der die Thora verlesen wird.

Die Gläubigen gehen davon aus, dass ihnen nur in der Synagoge geholfen werden kann, den rechten Weg zu Gott zu finden, denn diese sind auch Lehrhäuser. Ihr Lehrer ist der Rabbi, der in religiösen und rechtlichen Fragen beraten kann.

Der jüdische Gottesdienst wird ohne Priester und Opfer vollzogen, da es keinen autorisierten Mittler zwischen Gott und den Menschen geben muss. Vielmehr gilt jeder Gläubige ab Vollendung

Den Gottesdienst in der Synagoge erlebten die beiden Geschlechter bei den meisten Glaubensrichtungen voneinander getrennt. Seit dem Mittelalter entstanden die Emporen, auf denen die Frauen beim Gottesdienst zuschauten. Heute dürfen bei den liberalen Reformjuden Männer und Frauen den Gottesdienst gemeinsam erleben.

Die *Thora* selbst ist zu heilig, um mit den Fingern berührt zu werden. Ein kunstvoll gearbeiteter, handförmiger Zeigestock (Jad) verfolgt die Zeile.

des 13. Lebensjahres als vollwertig. Finden sich zehn vollwertige Gläubige zusammen, kann der Gottesdienst beginnen. Um ihre Ehrfurcht vor Gott zu zeigen, tragen die Besucher eine Kopfbedeckung, die Jarmelka oder Kippa. Beim Morgengottesdienst legen Kantor und Männer den Gebetsmantel Tallit an.

Der Vorbeter spricht die Gebete im Wechsel mit der Gemeinde. Danach beginnt mit dem Glaubensbekenntnis der Juden, dem Schema, der Aufruf zum Gottesdienst.

Am Eingang eines jüdischen Hauses ist eine Mezuza angebracht. In diesem kleinen Kästchen befindet sich eine Pergamentrolle mit Versen aus der Bibel oder ein Gebet.

Während der Thora-Lesung werden abschnittweise Bibeltexte vorgetragen und diese kommentiert. Nach den Lobpreisungen des Schöpfers rezitieren die Gläubigen die Gebete im Stehen. Mit einem vorausblickenden Gebet endet schließlich der Gottesdienst.

Abgesehen von der Synagoge nimmt die Familie die wichtigste Stelle im religiösen Leben ein. Das Haus gilt ebenfalls als heiliger Ort, den eine Mezuza kennzeichnet, ein kleines Kästchen in der Nähe der Tür. In ihr befindet sich eine Pergamentrolle mit Versen aus der Bibel oder dem Schema, dem Glaubensbekenntnis. Neben der Synagoge liegt das traditionelle Bad, die Mikwe. Es nimmt eine besondere Stellung im jüdischen Leben ein. Da die Gebote zwischen rein und unrein unterscheiden, muss ein traditionelles Tauchbad den unreinen Zustand beheben. Als unrein gelten vor allem Frauen bei der Menstruation oder nach der Geburt.

Der rechteckige Gebetsmantel wird während des Gebets getragen. Er ist aus Seide, Wolle und Leinen, mit blauen, schwarzen oder farbigen Streifen durchsetzt und hat an den Ecken vier Schaufäden (Quasten), die an die Einhaltung der Gebote Gottes erinnern sollen. Gebetsmäntel mit Schaufäden, von denen einer länger als die drei anderen ist, dürfen nur Männer überlegen.

◼ Der Rabbiner – Geistlicher und Lehrer

Der Rabbiner ist kein Priester, sondern hat als Geistlicher verschiedene Aufgaben, die von der Lehre über die Predigt, die Seelsorge bis zur Erklärung der Halacha (Gesetze) reichen. Früher mussten Rabbiner auch verstärkt Recht sprechen. Ihre Ausbildung erhalten sie in Rabbinerseminaren. Rabbiner dürfen heiraten und eine Familie gründen. Seit den siebziger Jahren weihen verschiedene jüdische Strömungen auch Frauen zu Rabbinerinnen.

Glaubensrichtungen

Das Fehlen einer obersten Autorität im jüdischen Glauben führte dazu, dass sich über die Jahrhunderte verschiedene religiöse Strömungen herausbildeten, wobei die Abgrenzungen untereinander nicht immer eindeutig zu bestimmen sind. Es unterscheiden sich vor allem Orthodoxe, Konservative und Reformgläubige.

◼ Konservative

Konservative sehen sich zwischen Reformjuden und Orthodoxen. Sie halten an den Regeln und Geboten fest, wollen diese aber den jetzigen Umständen anpassen. Die Interpretation des Talmud gestalten sie flexibler. So ist hier die strikte Geschlechtertrennung in der Synagoge weitgehend aufgehoben.

◼ Reformjudentum

Reformgläubige leben vor allem in Nordamerika und passten ihr religiöses Leben seit dem 19. Jahrhundert an die heutige Welt konsequent an. Im Mittelpunkt der Theologie steht eher die Ethik als das Ritual. Zahlreiche Reformen erreichten, dass Männer und Frauen gemeinsam den Gottesdienst vollziehen, Frauen dürfen aus der Thora lesen und als Rabbinerinnen lehren. Auch wurden die Lebensmittelauflagen weitgehend abgeschafft. Den Sabbat feiern Reformjuden mit gewissen Zugeständnissen an Tätigkeiten:

Orthodoxe Juden sind an der schwarzen Kleidung, Hut, Bart und Schläfenlocken zu erkennen. Hier suchen orthodoxe Juden Palmzweige für den Lulawstrauß aus, der vier Pflanzensorten enthalten muss und beim Laubhüttenfest geschüttelt wird.

Autofahren oder das Benutzen von Fahrzeugen gehört demnach nicht zur Arbeit, auch das Betätigen des Lichtschalters sowie andere Beschäftigungen, die bei den Orthodoxen verboten sind.

■ Orthodoxe

Orthodoxe leben nach der wörtlichen Auslegung der Thora und des Talmud. Die Strömung entwickelte sich als Gegenzug der zahlreichen Reformen etwa in der Mitte des 19. Jahrhunderts. Während Nationalorthodoxe versuchen, sich ihrer Umwelt anzupassen, richten sich Ultraorthodoxe auch in ihrem Äußeren nach den Anweisungen aus der Bibel und dem Talmud.

> **Sie tragen einen Hut, Schläfenlocken und einen schwarzen Anzug, der sich an die traditionelle Kleidung Osteuropas anlehnt.**

Die Ultraorthodoxen spalten sich in die Chasidim und die Scholastiker auf. Die Chasidim kommen aus der mystischen Richtung, der Deutung der Kabbala, entwickelten sich aber zum Verfechter fundamentaler Orthodoxie.

Orthodoxe sehen die Stellung der Frau in der Unterordnung unter dem Mann. Den Gottesdienst verbringen die Geschlechter voneinander getrennt. Die Trennung setzt sich auch an der Klagemauer fort, wo ein Zaun Männer von Frauen separiert.

Orthodoxie ist die Staatsreligion in Israel und wird durch zwei Oberrabbiner vertreten, die für die sephardische und die aschkenasische Gemeinde stehen. Die Mehrheit der in der Diaspora lebenden Juden gehört anderen Strömungen an.

■ Sepharden und Aschkenasen

Die beiden ethischen Gruppen gingen aus der Diaspora hervor. Sepharden lebten in Spanien während des „Goldenen Zeitalters" zwischen 1000 und 1200. Aschkenasen stammen aus Deutschland und Osteuropa. Zwar unterscheiden sich die beiden Gruppen kaum in ihren theologischen Grundsätzen, doch über den Zeitraum der voneinander getrennten Entwicklung entstanden eine Reihe unterschiedlicher Bräuche, Traditionen und auch Gebete.

Jüdische Feste und Feiern

■ Kalender

Der jüdische Kalender ist nach den Monden ausgerichtet und umfasst zwölf regelmäßige und einen unregelmäßig auftretenden, eingeschobenen Monat.

Der Jahreszyklus beginnt mit dem Monat Nisan, der den julianischen Kalendermonaten März/April entspricht, also mit dem Frühling. Ihm folgen die Monate Ijjar, Tammuz, Ab, Elul, Tischri, Marhschwan, Heschwan, Kislew, Tebet, Schebat und Adar nach. Mit dem Jahrestag der Schöpfung, der im Herbst gefeiert wird, beginnt dann das neue Jahr.

■ Rosch ha-Schana

Das jüdische Neujahrsfest Rosch ha-Schana wird im Herbst als ein Fest der Einkehr und Besinnung gefeiert. Der Ruf des Widderhorns, des Schofars, erinnert an den von Abraham anstelle seines Sohnes Isaak geopferten Widder und mahnt zur Buße.

Im Anschluss an das Neujahrsfest beginnt Teschuwa, die Zehn Tage der Umkehr. Sie enden mit dem Jom Kippur, dem Tag der Sühnen, einem Versöhnungstag, an dem die Gläubigen den ganzen Tag fasten und beten.

■ Passahfest

Das sieben- bis achttägige Passahfest stammt von Naturfesten ab, wohl vom Gerstenerntefest. Heute erinnert es an den Auszug der Israeliten aus Ägypten und wird als Familienfest gefeiert. Passah bedeutet „Schonung" und spielt an die zehnte Plage an, die Gott über Ägypten brachte. Dabei ließ er den Würgeengel alle Erstgeborenen des Landes töten und verschonte nur die Kinder derjenigen Israeliten, die ihren Türrahmen mit Blut eines Lammes gekennzeichnet hatten.

Der Sederteller enthält die symbolischen Speisen, die am Sederabend gegessen werden und an den Auszug der Israeliten aus Ägypten erinnern: drei ungesäuerte Matze für den schnellen Aufbruch, Petersilie für das Ysop-Kraut, mit dem das Blut des Lammes zum Schutz an die Türen der Israeliten gemalt wurde, Meerrettich für die Bitterkeit der Sklaverei und Salzwasser für die vergossenen Tränen während dieser Zeit, ein Ei als Symbol des zerstörten Tempels und gebratenes Fleisch für die Opferzeremonie.

Am Vorabend des Passahfestes begeht die Familie den Sederabend mit der Sedermahlzeit. Dabei wird aus der Passah-Haggada gelesen, die vom Auszug der Israeliten aus Ägypten erzählt.

Während des Passahfestes wird in einer bestimmten Ordnung (Seder) der Familiengottesdienst am ersten Abend vollzogen und die Passah-Haggada verlesen. Der Sederteller mit den Speisen des Passahmahls symbolisiert noch einmal den Auszug aus Ägypten. Darauf befinden sich ein Ei als Symbol für den zerstörten Tempel, eine Lammkeule, die an das geschlachtete Lamm vor der Abreise erinnert, bittere Kräuter für die Sklaverei, Petersilie für die Pinsel, mit denen Blut an den Türrahmen gemalt wurde, und Salzwasser für die Tränen der Israeliten in Ägypten. Das traditionelle Brot, die Matze, ist ungesäuert.

◼ Omer-Zeit, Lag ba-Omer und Schawuot

Zwischen Passah- und Schawuotfest liegt die siebenwöchige Trauerzeit Omer, die zahlreiche Bräuche prägen und an traurige Ereignisse in der Geschichte des jüdischen Volkes erinnern soll. Der dazwischen liegende 33. Tag, der Lag ba-Omer, ist den Kindern und Jugendlichen gewidmet. Am Ende der Trauerzeit wird der Schawuot gefeiert, der an die Offenbarungen am Sinai und das Bündnis zwischen Gott und seinem auserwählten Volk erinnert.

Sukkot – das Laubhüttenfest

Das Laubhüttenfest, das ursprünglich wohl ein Erntedankfest war, geht auf die Wanderung durch die Wüste unter Moses zurück, während der die Israeliten in Hütten leben mussten. Gott sprach daraufhin zu Moses (3. Mose 23, 43 f.): „Sieben Tage sollt ihr in Laubhütten wohnen … dass eure Nachkommen wissen, wie ich die Kinder Israels habe lassen in Hütten wohnen, da ich sie aus Ägyptenland führte." Heute feiert die Familie das Laubhüttenfest sieben Tage lang als Freudenfest (wie oben in einer Illustration aus dem 19. Jahrhundert).

■ Chanukka – das Lichterfest

Im Dezember findet das achttägige Fest Chanukka statt. Es erinnert an die Einweihung des Tempels und die Wiederaufnahme des Tempeldienstes im Jahre 164. Dazu wird jeden Tag ein Licht am achtarmigen Leuchter mit dem Dienstlicht entzündet. Das Ritual des Anzündens geht auf die Legende zurück, dass im Tempel ein reines Öl gefunden wurde, das trotz der geringen Menge über acht Tage reichte.

■ Purimfest

Dem Karneval ähnelt das Purimfest, das die Gläubigen im Februar/März mit Verkleidungen und Masken feiern. Als Freudenfest erinnert es an die Legende der Errettung vor den Verfolgungen durch den Großwesir Haman, der am Hofe des Perserkönigs Artaxerxes (Xerxes) lebte. „Pur" heißt „Los" und bezieht sich auf das Los, das der Großwesir werfen ließ, um einen Tag festzulegen, an dem die Juden getötet werden sollten. Haman

Beim Lichterfest Chanukka wird ein achtarmiger Leuchter entzündet, der an die Einweihung des Tempels in Jerusalem im Jahr 164 v. Chr. erinnert. Da an Chanukka nicht gearbeitet werden darf, spielen die Familien Dreidl: Die kleinen Holzkreisel sind mit hebräischen Schriftzeichen verziert (unten rechts). Je nachdem, auf welcher Seite der Dreidl landet, muss der Spieler die Schokoladenmünzen nehmen oder abgeben.

fühlte sich vom Juden Mardochai beleidigt, weil er die Knie nicht vor ihm beugen wollte. Zudem erhoffte er sich Macht und Vermögen aus dem Tod der Juden. Die Gattin des Königs, Esther, die selbst aus dem Volk Israel stammte, setzte sich für die Juden bei ihrem Ehegatten ein und erreichte, dass der Perserkönig den Befehl zurücknahm und den Tag als Freudentag deklarierte.

„Daher sie diese Tage Purim nannten nach dem Namen des Loses ... Es sind die Tage Purim, welche nicht sollen übergangen werden unter den Juden, und ihr Gedächtnis soll nicht umkommen bei ihren Nachkommen."
(Esther 9, 26, 28)

Jüdische Männer lesen gemeinsam in den Gebetsbüchern in der Nähe der Klagemauer in Jerusalem. Mit dem 13. Lebensjahr wird ein jüdischer Junge mit der Bar Mitzwa in die Gemeinde aufgenommen. Er darf nun in der Synagoge aus der Thora lesen und den Gebetsriemen am Arm tragen. Gleichzeitig ist er fortan für sein Handeln selbst verantwortlich.

Kinder feiern heute das Purimfest, indem sie sich verkleiden und die Geschichte auf der Bühne nachspielen.

◾ Bar Mitzwa und Bat Mitzwa

Mit dem 13. Lebensjahr feiern Jungen, mit dem 12. Lebensjahr Mädchen (bei den Nichtorthodoxen) ihre Aufnahme in den Erwachsenenkreis. Während der Bar Mitzwa (Sohn des Bundes) oder Bat Mitzwa (Tochter des Bundes) lesen sie zum ersten Mal in der Synagoge aus der Thora.

◾ Hochzeit

Ein Hochzeitsvertrag, die Ketubba, die vielerorts auf Aramäisch verfasst wird, leitet die Hochzeitsfeierlichkeiten ein. Unter dem Hochzeitsbaldachin, der Chuppa, findet dann die Ringzeremonie statt.

Traditionell zerbricht der Bräutigam anschließend ein Glas mit dem Fuß. Nach den Feierlichkeiten wird das Brautpaar allein gelassen, um die Ehe zu vollziehen.

Scheidungen sind im jüdischen Glauben möglich, sofern sich die Partner charakterlich zu sehr voneinander unterscheiden oder andere Gründe vorliegen. Darüber kann ein jüdisches Gericht aus Rabbinern entscheiden.

◾ Tod

Verstorbene sollen bereits am nächsten Tag beerdigt werden. Nach dem Begräbnis widmet sich die Familie eine Woche der intensiven Trauer. Innerhalb eines Monats zieht bereits wieder der Alltag ein. Am Sterbetag wird dem oder der Toten mit dem traditionellen Klagegebet, dem Kaddisch, gedacht.

Friedhof in Jerusalem. Im Hintergrund ist der islamische Felsendom zu sehen. Jerusalem ist die heilige Stadt der drei großen Religionen Judentum, Christentum und Islam.

Christentum

Christentum

Über 2,2 Milliarden Menschen bekennen sich zum christlichen Glauben, der sich in zahlreiche Kirchen und Konfessionen unterteilt. Damit ist das Christentum die weltweit am weitesten verbreitete Religion, vor dem Islam und Hinduismus. Bereits wenige Jahre nach dem Tode Christus' begann die Diskussion um Göttlichkeit und Heiligen Geist, die bald zur Aufspaltung in die verschiedenen Kirchen führte. Im großen Kirchenschisma 1054 trennte sich die Ost- von der Westkirche. Weitere fünfhundert Jahre später rollte die Reformation über Europa und brachte die Abspaltung der protestantischen von der katholischen Kirche. Heute, noch einmal fünfhundert Jahre danach, gehen die Kirchen in der ökumenischen Bewegung wieder aufeinander zu. Sie erkennen, was alle christlichen Konfessionen mehr vereint als trennt: die Lehre Jesus Christus' mit der zentralen Botschaft von Liebe und Barmherzigkeit.

In Europa ist das Christentum die am meisten verbreitete Religion. Zwei Drittel der Bewohner europäischer Länder (ca. 540 Mio. Menschen) gehören einer christlichen Glaubensrichtung an. Außerhalb Europas gehören die Vereinigten Staaten, Brasilien, Mexico, Russland und die Philippinen zu den Ländern mit dem höchsten christlichen Bevölkerungsanteil.

Das Kreuz ist ab dem 4. Jahrhundert das Hauptsymbol der christlichen Kirche.

Etwa 2,2 Milliarden Christen leben auf allen Kontinenten der Erde (gelbe Einfärbung).

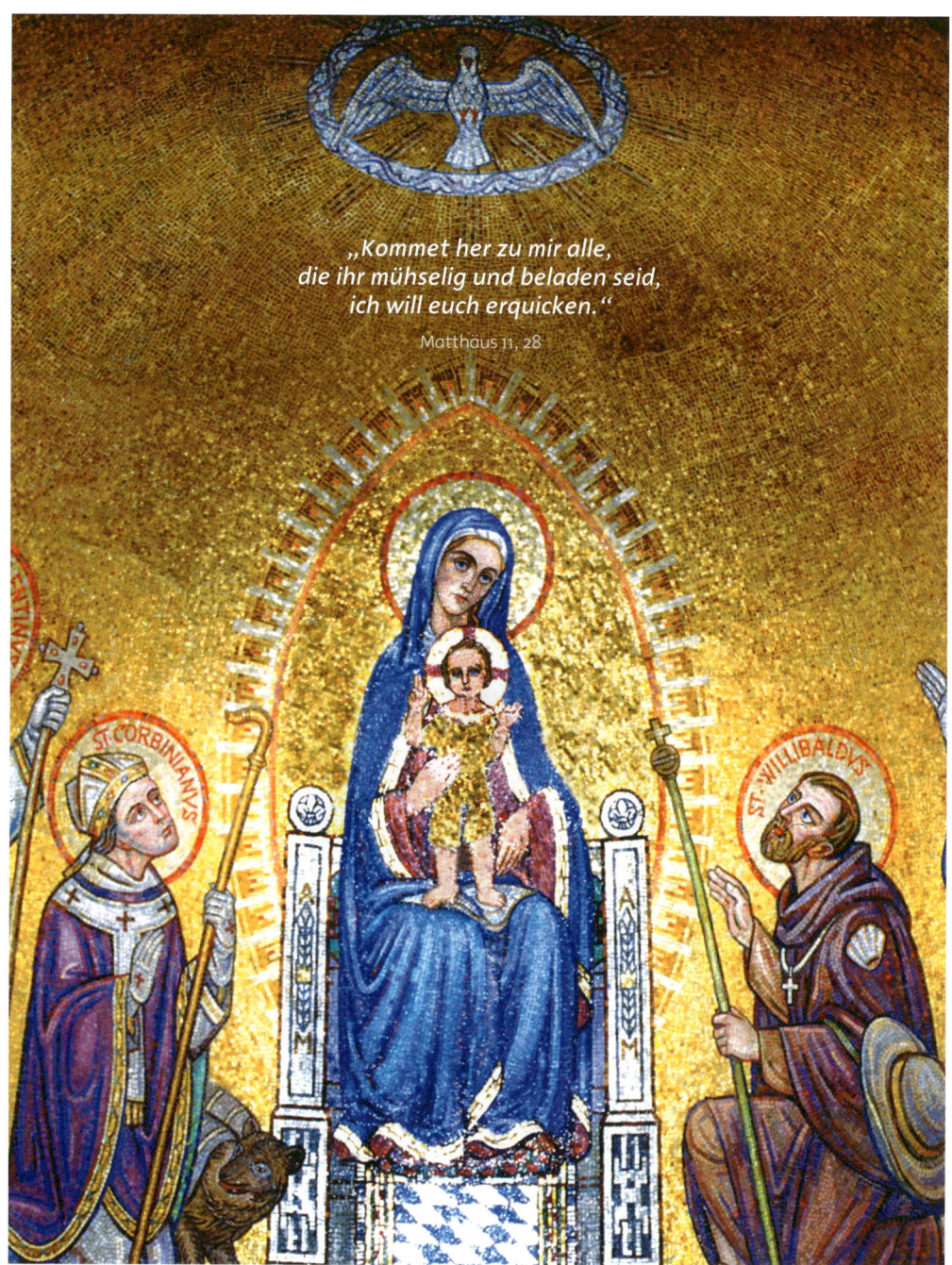

„Kommet her zu mir alle,
die ihr mühselig und beladen seid,
ich will euch erquicken."

Matthäus 11, 28

Die Gottesmutter Maria mit dem Kind Jesus sitzt auf einem Thron, während die Heiligen der christlichen Geschichte ihr zu Füßen knien. Über ihnen schwebt der Heilige Geist, den die Taube symbolisiert.

Was ist Christentum?

Das Christentum gründete sich auf das Leben und die Lehren Jesus Christus'. Alle Christen glauben, dass Gott in Jesus Christus zu den Menschen kam und als Messias die Welt von ihren Sünden erlöste. Christen bekennen sich zur Bibel, der heiligen Schrift, die aus dem Alten Testament (der hebräischen Bibel der Juden) und dem Neuen Testament besteht.

Da Jesus Christus als abschließende Offenbarung angesehen wird, der den Zugang zum Ewigen Leben brachte, gilt das Christentum als Offenbarungs- und Erlösungsreligion.

In den Jahrhunderten entwickelten sich verschiedene Glaubensrichtungen, die sich im Umgang mit Traditionen, Sakramenten und Dogmen unterscheiden. Die vier großen Gruppen spalten sich in die katholische Kirche, die Ost- und orthodoxen Kirchen, das evangelische Christentum sowie das Sonderchristentum mit einer Reihe individualistischer Kirchen.

Was bedeutet ...

Advent	Ankunft	**Pastor/**	geistlicher Amtsinhaber der
Bischof	christlicher Würdenträger	**Pfarrer**	evangelischen Kirchen
Engel	von griech. *angelos* = Bote	**Priester**	katholischer, geweihter
Epiphania	Fest der Erscheinung am		Geistlicher
	6. Januar	**Protes-**	christliche Konfessionen,
Ikone	Kultbild der Orthodoxen Kirchen	**tanten**	die gegen den Allmachts-
Inquisition	Untersuchung		anspruch der kath. Kirche
Kardinal	nach Papst höchster kath.		protestierten, ausgehend
	Würdenträger		von der Reformation
Konfession	christliche Glaubensgemein-	**Refor-**	durch Luthers Thesen ausge-
	schaft	**mation**	löste Bewegung zur Erneuerung
Konzil	Versammlung von katholischen		der Kirche im 16. Jahrhundert
	Bischöfen	**Reliquie**	verehrter Überrest eines Heiligen
Liturgie	kultisch-rituelles Handeln	**Sakrament**	feierliche symbolische und
Ökumene	Bewegung aller christlichen		heilige Handlungen
	Kirchen und Konfessionen	**Schisma**	Kirchentrennung in Ost-
	zur gemeinsamen Diskussion		und Westkirche
Ordination	Priesterweihe	**Spiritus**	Heiliger Geist
Palm-	Der Sonntag vor Ostern	**Sanctus**	
sonntag		**Trinita/**	Dreifaltigkeit
Papst	Bischof von Rom	**Trinität**	
Parusie	Wiederkehr in Herrlichkeit	**Zölibat**	freiwillige Ehelosigkeit

Das zentrale christliche Element ist trotz aller Unterschiede zwischen den Konfessionen und Glaubensrichtungen die Gemeinschaft und Nächstenliebe.

Das Christentum übte großen, nachhaltigen Einfluss auf alle Lebensbereiche des Abendlandes aus, auf die Kultur, den Moralbegriff sowie die Politik und Rechtsauffassung.

Gott, der Schöpfer

Das Christentum ist eine monotheistische Religion, die an den einen Gott glaubt, der als Trinität (Vater, Sohn und Heiliger Geist) auftritt. Gott gilt als allgegenwärtig, allwissend, Schöpfer der Welt und deren Richter. Viele Gläubige sehen in ihm ein Geistwesen, das durchaus persönliche Züge annehmen kann.

Moderne Theologen dehnen die Begrifflichkeit Gottes aus, rücken vom formalen Aspekt ab und interpretieren Gott als allumfassende Kraft der Liebe. Vorherrschende Eigenschaften sind Gerechtigkeit und Barmherzigkeit.

Gott schuf die Welt aus dem Nichts mit all seinen Geschöpfen, wobei der Mensch als dessen Ebenbild gilt. Von den Tieren unterscheidet sich der Mensch durch seine unsterbliche Seele.

Die heilige Dreifaltigkeit

Allen Christen ist der Glaube an die Heilige Dreifaltigkeit gemein. Es gibt nur einen Gott, dieser äußert sich aber in der Einheit aus Vater, Sohn und Heiliger Geist. In der Bibel findet sich nichts über die Dreifaltigkeit. Erst etwa 200 Jahre nach der Kreuzigung fanden Diskussionen über die Göttlichkeit Christi statt, die aus theologischer Sicht den Begriff Trinita (Dreifaltigkeit) einführten.

Demnach gilt Jesus Christus als leiblicher Sohn Gottes, der unter den Menschen lebte. Die Westkirchen glauben, dass der Heilige Geist von Vater und Sohn gegeben wird, die Ostkirchen sehen nur Gott als den Spender an.

Der Heilige Geist selbst wird als Gottesmacht verstanden, die den Glauben in den Menschen erweckt, aber auch für ein übergeordnetes Prinzip steht. Als weiße Taube tritt er in der Symbolik auf.

Johannes der Täufer war Prophet und Cousin Jesu. Er mahnte die Menschen zur Umkehr und vollzog die Taufe als Zeichen des Neuanfangs. Er taufte auch Jesus, wurde später gefangen genommen und enthauptet.

> *„Am Anfang war das Wort,*
> *und das Wort war bei Gott,*
> *und Gott war das Wort."*
>
> Joh. 1, 1

Am Anfang war das Wort

▨ Die Bibel – Altes und Neues Testament

Um die Wahrheit zu erkennen und in ihr das Heil zu finden, gab Gott nach dem christlichen Verständnis den Menschen Offenbarungen. Diese vorchristlichen und christlichen Schriften sind in der Bibel gesammelt. Das Wort Bibel leitet sich aus dem griechischen *bibloi* her, das „Bücher" bedeutet. Die Schriften gelten, vor allem im katholischen Glauben, als heilig und von Gott eingegeben.

Zwar wurden sie von Menschen verfasst, Urheber ist aber Gott selbst, da er die Autoren mit dem Heiligen Geist inspirierte.

Das Alte Testament setzt sich aus den fünf Büchern Mose, den Pentateuch, den Büchern der Propheten sowie Psalmen, Sprüchen und anderen Büchern wie den Apokryphen zusammen, die einige protestantische Kirchen nicht vollständig anerkennen.

> **Im Zentrum des Neuen Testaments steht das Leben und Wirken Jesus'.**

Darüber berichten die drei Evangelisten Markus, Matthäus und Lukas in den synoptischen Evangelien, die etwa 70–90 n. Chr. notizartig entstanden sind, sowie Johannes, dessen Evangelium aus der Zeit ab 100 n. Chr. stammt. Die anschließenden Lehrbücher enthalten Schriften, die so

Nach der biblischen Urgeschichte forderte Gott Noah auf, eine Arche zu bauen, dort seine Familie und von jedem Tier ein Paar zu versammeln und auszuharren, bis die Sintflut vorbei war, die alles Leben vernichten würde. Damit wird Noah zum Urvater einer neuen Menschheit. Hier im Bild spricht Noah zu seiner Familie.

> *„Und das Wort ward Fleisch und wohnte unter uns, und wir sahen seine Herrlichkeit, eine Herrlichkeit als des eingeborenen Sohnes vom Vater, voller Gnade und Wahrheit."*
>
> Joh. 1, 14

genannten Briefe, von Paulus, Petrus, Johannes, Jakobus, Judas sowie die Offenbarung des Johannes.

Besonders die Briefe entsprechen Predigten und besitzen missionierenden Charakter, während die Evangelien die Lebensgeschichte Jesus' aus verschiedenen Blickwinkeln nachzeichnen. Dabei verschmilzt die historische mit der christlichen Person.

▪ Schriften und Dogmen

Für die katholische Kirche sind neben der Heiligen Schrift auch die überlieferten Sätze, Konzilbeschlüsse und zahlreiche andere Abhandlungen verbindlich. Die Kirche sieht sich außerdem selbst als im Besitz der permanenten unverfälschten Offenbarung durch den Heiligen Geist. Die evangelischen Kirchen folgen allein dem Wort der Heiligen Schrift, Grundbekenntnisse und Katechismen wirken unterstützend.

Die Bibel der katholischen Kirche (oben) unterscheidet sich von der evangelischen Ausgabe in der Anordnung der verschiedenen Bücher, in deren Bezeichnung und in der Übersetzung.

Abbildung (rechts) des Anfangs der 42-zeiligen lateinischen Bibel mit der Vorrede des Heiligen Hieronymus, Faksimile des Originals.

Die vier Evangelisten

Die vier Evangelisten mit ihren Symboltieren zu Füßen zeigt dieses große Kirchenfenster der katholischen Stadtpfarrkirche Mariä Himmelfahrt in Landsberg.

Vier Verfasser der Evangelien nennt das Neue Testament. Matthäus und Johannes waren zwei Apostel aus dem Jüngerkreis um Jesu, Markus und Lukas die Helfer von Petrus und Paulus.

Aufgrund der zeitlichen Spanne und der inhaltlichen Übereinstimmung werden die ersten drei Erzählungen von Markus, Matthäus und Lukas als synoptisch bezeichnet. Sie entstanden ab 70 n. Chr., wobei wohl Markus die urschriftlichen Notizen verfasste oder sich auf solche bezog.

Johannes schrieb das vierte Evangelium, das auch in einigen Inhalten von den ersten drei abweicht. Es wurde vermutlich erst ab 100 n. Chr. fixiert. Ob es sich bei den Autoren der Bibel um die vier genannten Evangelisten handelt, ist nicht beweisbar.

In der frühen christlichen Symbolik wurden die vier Evangelisten als Lämmer am Fuße des Paradiesberges dargestellt. Später wurden beflügelte Tiere aus der Offenbarung entlehnt, umgedeutet und zugeordnet:

Markus	der Löwe
Lukas	der Stier
Matthäus	der Mensch
Johannes	der Adler

In der Offenbarung wird der Stuhl Gottes beschrieben, vor dem vier Tiere liegen:

> **„Und das erste Tier war gleich einem Löwen, und das andere Tier war gleich einem Kalbe, und das dritte hatte ein Antlitz wie ein Mensch und das vierte Tier war gleich einem fliegenden Adler."**
>
> Offb. 4,7

Christliche Symbole

Dienten die ersten Zeichen der Umhüllung der Bekenntnisse, so entwickelte sich die Symbolsprache vor allem in der Kunst weiter.

Demnach ist Christus der Hirte, der Fischer (als Symbol des Menschenfischers).

Das Symbol der Christen ist der Fisch, der auf Griechisch *Ichthys* heißt. Die einzelnen Buchstaben werden den Worten *Iesus christos theou yios soter* zugeordnet: Jesus Christus Gottes Sohn Retter.

Taube	Symbol des Heiligen Geistes Gottes
Rose	Symbol Mariens, Bereitschaft zum Martyrium
Schiff	Zeichen des Lebens und der Kirche
Weinstock	Symbol der Gemeinde, des Friedens und Segens
Schlüssel	Schlüsselgewalt über die Sünden, zu vergeben oder zu behalten
Lilie	Sinnbild der Reinheit
Anker	Zeichen der Hoffnung
Phönix	Symbol der Auferstehung

Jesus Christus, der Messias

Das Christentum erkennt in Jesus Christus den Sohn Gottes. Jesus, der als Sohn eines Zimmermanns vermutlich in Nazareth geboren wurde, erhielt bald den Beinamen Christus, der im Griechischen „der Gesalbte" und im Hebräischen „Messias", der Erlöser, bedeutet. Die Familie Jesus' galt als Nachkommen aus dem Geschlechte Davids, der einst als König Israels das göttliche Versprechen erhielt, sein Thron würde in der Hand seiner Abkömmlinge bleiben.

Jesus wurde als Jude geboren und jüdisch erzogen. Er lebte als Zimmermann in Nazareth und trat etwa ab seinem dreißigsten Lebensjahr als Prediger auf, diskutierte die heilige Schrift und die jüdischen Gesetze. Auch versammelte er in rabbinischer Tradition eine Jüngerschaft um sich, die er lehrte. Die damaligen religiösen Vorstellungen konzentrierten sich auf ein nahes Ende der menschlichen Weltherrschaft.

Viele warteten auf den Messias, den einige seiner Anhänger in Jesus sahen.

Diesen Vorstellungen entsprach Jesus auch darin, dass er vom Evangelium als eine frohe Botschaft predigte und von der baldigen Gottesherrschaft kündete, wobei er sich auf ein Reich in göttlicher Nähe bezog.

Das Christusmonogramm

In den Anfängen des Christentums entwickelte sich das Christusmonogramm, das sich aus den griechischen Buchstaben X und R zusammensetzt und das symbolische Zeichen XP bildet. Viel später, im 15. Jahrhundert, verbreitete sich die Silbe IHS, die griechisch „Jesus" heißt. Die einzelnen Buchstaben werden auch mit „*Iesus hominum salvator*", Jesus der Menschen Retter, gedeutet.

Das Abendmahl (Eucharistie), eines der Sakramente der christlichen Kirche, geht auf die letzte Mahlzeit von Jesus mit seinen Jüngern zurück. Die Darstellungen in der Kunst über das letzte Abendmahl sind vielfältig. Dieser Stich aus dem 19. Jahrhundert ist einem früheren Gemälde nachempfunden.

Nach seiner Kreuzigung durch die römischen Machthaber entwickelte sich der Glaube, dass Jesus Christus Gottes leiblicher Sohn war, der unter die Menschen kam, um sie zu erlösen.

Damit spaltete sich die Jesusbewegung vom Judentum ab, das neben Gott kein Wesen als göttlich zulässt, und legte den Grundstein für die Religion des Christentums.

■ Leben und Wirken

In der Wissenschaft entwickelten sich viele Theorien über Jesus' Leben. Nach den Angaben der Jesusforschung und der Bibel liegt die Geburt Jesu um das Jahr 7 oder 6 vor der Zeitrechnung. Zu dieser Zeit standen Jupiter und Saturn als richtungsweisende Konstellation am Himmel, die den Weisen der Heiligen Schrift den Weg gezeigt haben soll.

Maria war von Gott ausgewählt worden, dessen Kind in einer Hütte oder Höhle in Bethlehem, der Geburtsstadt Davids, zur Welt zu bringen. Jesus' Vater Joseph stammte aus dem Geschlecht Davids. Man nimmt an, dass Jesus in Nazareth geboren wurde, doch sein Geburtsort nachträglich nach Bethlehem „verlegt" wurde.

Herodes, der damals den Thron innehatte, so heißt es, war die Geburt des „wahren Königs der Juden" erzählt worden, woraufhin er die Tötung aller Knaben bis zum Alter von zwei Jahren angeordnet habe. Diesem Massaker entkamen Maria und Joseph nur mit einer Flucht nach Ägypten. Erst nach dem Tode des Königs kehrten sie zurück und siedelten sich in Nazareth in Galiläa an. Zwischen Jesus' 13. und 30. Lebensjahr finden sich keine Aufzeichnungen über sein Leben. Möglich ist, dass er die Zeit bei seiner Familie verbrachte und als Zimmermann arbeitete, bis der jüngste der Brüder vierzehn Jahre alt war. Andere Theorien lassen Jesus bis nach Indien ziehen.

In der Bibel tritt er erst wieder im Alter von etwa 30 Jahren in Erscheinung, zeitgleich mit seinem Cousin Johannes dem Täufer, der ab 27 n. Chr. predigte und taufte.

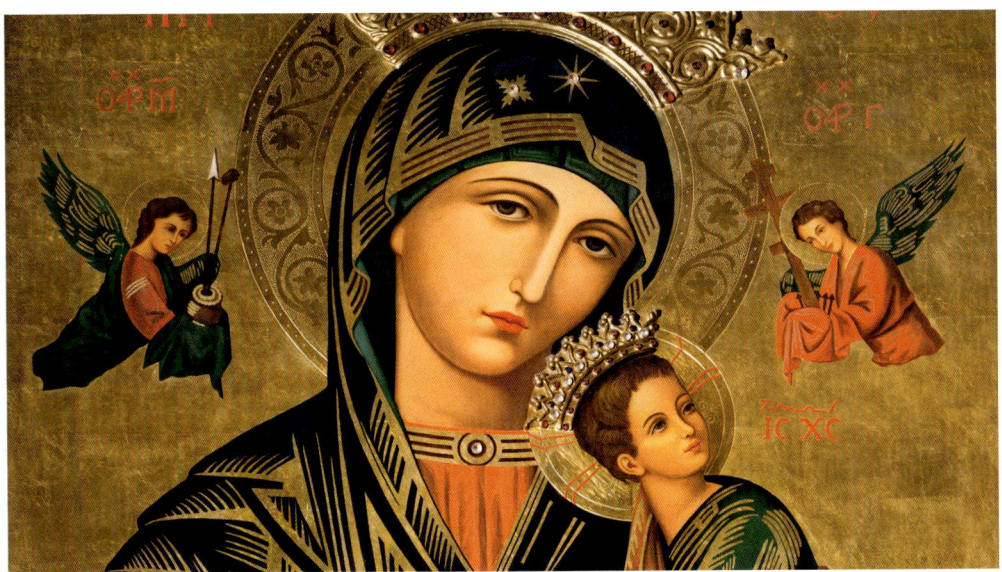

In der Orthodoxie wird Maria hoch verehrt. In dieser ikonographischen Darstellung sitzt Jesus auf den Armen seiner Mutter, deren Blick das kommende Leid verdeutlicht.

Beide sahen sich von Gott berufen, die Menschen vor dem drohenden Weltende zur Umkehr und Buße zu bewegen. Jesus richtete seine Predigten nicht an Reiche, sondern auch an Kranke, Benachteiligte und Randgruppen wie Zöllner oder Huren. Er sammelte um sich zwölf Apostel in der Anlehnung an die zwölf Stämme, die ihm in der Hoffnung folgten, ihr Lehrer werde nun die Gottesherrschaft errichten. Auf seinem Weg durch Palästina vollzog Jesus zahlreiche Wunder, predigte von Umkehr, Liebe und Nächstenliebe. In der Bergpredigt preist er die Armen selig und ruft zur Feindesliebe auf. Anhand von Gleichnissen kehrte er die Erwartungen um und brachte ein soziales Neudenken hervor. Die Römer sahen in seinen Verkündungen eine Rebellion gegen ihre Herrschaft. In ihren Augen war Jesus ein Krimineller.

◼ Kreuzigung und Auferstehung

Kurz vor dem Passahfest in Jerusalem, das im März/April stattfand, verriet Judas Iskariot, einer der zwölf Apostel, seinen Lehrer Jesus. Die Römer unter Pontius Pilatus, der von 26 bis 36 n. Chr. herrschte, wohl im Einverständnis mit den Hohepriestern des Tempels, nahmen den Nazarener gefangen, folterten ihn und verurteilten ihn zum Tod am Kreuz. Sein Leidensweg, die Passion, gliedert sich in der christlichen Kirche in Gefangennahme, Verhör, Geißelung, Dornenkrönung, Verurteilung, Kreuzweg, Kreuzigung, Tod und Begräbnis.

Die Überlieferungen in der Bibel berichten, dass Jesus nach drei Tagen auferstanden sei und sich leiblich seinen Jüngern und einigen Frauen gezeigt habe. Das leere Grab Jesus' blieb Ausgangspunkt zahlreicher Spekulationen,

die vom Raub oder der Verlegung des Leichnams bis zur Genesung Jesu und dessen Auswanderung nach Kaschmirreichen. Im Auferstehungsglauben gründete sich die Göttlichkeit Jesus' und die Botschaft des Christentums.

Die Kreuzigung war zu Zeiten Jesus' eine übliche Hinrichtungsart für Schwerverbrecher und Aufrührer.

Christliche Geschichte

◼ Die Anfänge

Jesus erhielt bald den Stellenwert eines Mensch gewordenen Wort Gottes, als dessen letzte Offenbarung. Die Evangelien kündeten von ihm als Herrn und Heiland, als Erlöser und Christus. Seine Anhänger bezeugten, dass er ihnen leibhaftig, also auferstanden erschienen sei. Damit konnte das Christentum nicht länger als Strömung innerhalb des Judentums bestehen. Bereits 70 n. Chr. hatten die Gläubigen sich von den jüdischen Gemeinden abgespalten, christliche Urgemeinden gebildet und vollzogen eigene Gottesdienste.

Viele Schriften legen die Vermutung nahe, dass Petrus missionierend nach Rom ging und dort den Märtyrertod starb. Die ersten christlichen Gemeinden dort litten unter der Herrschaft Kaiser Neros. Nach dem Brand Roms im Jahre 64 machte er die Christen dafür verantwortlich und ließ sie mit grausamen Methoden hinrichten. Aus der Verfolgung heraus erstarkte das Christentum und entwickelte die christliche

Urkirche, die sich bereits um 200 mit einem apostolisch begründeten Bischofsamt organisierte und auf ein Glaubensbekenntnis stützte.

> **Das erste allgemeine Konzil fand 325 in Nizäa statt.**

Drei nachfolgende Konzile (381 Konstantinopel, 431 Ephesus, 451 Chalkedon) befassten sich mit der Göttlichkeit Jesus', die schließlich einheitlich in der Trinität (Vater, Sohn und Heiliger Geist) festgelegt wurde. Bereits hier spalteten sich die ersten Kirchen ab, die diesen Beschluss nicht mittragen wollten.

◼ Mittelalter und Kreuzzüge

Nach der Abspaltung der orientalischen (syrischen, armenischen und koptischen) Kirche breitete sich die abendländische Kirche weiter aus, schuf Kirchenprovinzen mit Bischofssitzen, wobei der Bischof von Rom als Nachfolger des Apostels Petrus bald Vorrang anmeldete. Etwa 500 Jahre lang übte das Papsttum

In den römischen Katakomben zogen sich die Anhänger der Urkirche während der Verfolgung in den ersten nachchristlichen Jahrhunderten zurück. Hier erbauten sie einen Versammlungsraum mit Altar, vollzogen den Gottesdienst und begruben ihre Toten.

Maria mit ihrem Sohn Jesus als Verkünder des Evangeliums, das er in den Händen hält.

Geschichte

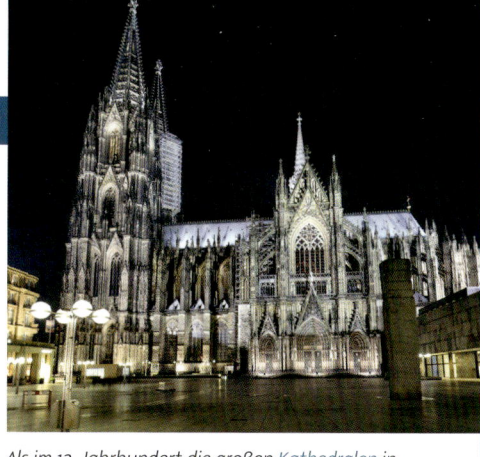

etwa 7 v. Chr.	Jesus wird geboren.
etwa 30 n. Chr.	Jesus wird gekreuzigt.
70–90 n. Chr.	Die synoptischen Evangelien von Lukas, Markus und Matthäus entstehen.
100 n. Chr.	Johannes schreibt das Evangelium.
325	Konzil von Nizäa
380	Kaiser Theodosius I. erklärt das Christentum zur Staatsreligion.
451	Konzil von Chalkedon
656	Araber erobern Palästina, Syrien und Mesopotamien.
1054	Schisma, Ost- und Westkirche entstehen
1095–1099	erster Kreuzzug
1226	Franz von Assisi stirbt, Begründer des Franziskanerordens.
1231	Die Inquisition beginnt.
1274	Der Theologe Thomas von Aquin stirbt.
1378–1417	geteiltes Papsttum in Avignon und Rom
1453	Türken erobern Konstantinopel.
1483–1546	Lebenszeit des Reformators Martin Luther
1517	Reformation
1534	Heinrich VIII. löst die Kirche vom Papst und stellt sie unter seine Hoheit.

Als im 12. Jahrhundert die großen Kathedralen in Frankreich entstanden, wollte auch Deutschland ein ähnlich repräsentatives Gebäude um seine Reliquien errichten. 1248 wurde der Grundstein für den Kölner Dom gelegt, der aber erst über 600 Jahre später im Jahre 1880 Vollendung feierte.

1545–1563	Konzil von Trient legt Dogmen der kath. Kirche fest.
1542	Jesuitenorden gründet sich und beginnt Missionierung in Asien.
1618–1648	Dreißigjähriger Krieg
1803	Säkularisation in Deutschland beginnt.
1830	Mormonenkirche von John Smith gegründet
1870	Erstes Vatikanisches Konzil
1910	Konferenz in Edinburgh begründet Ökumene.
1948	Weltkonzil der christlichen Kirchen
1961	Ökumenischer Rat der Kirchen gründet sich.
1965	Zweites Vatikanisches Konzil
2003	erster ökumenischer Kirchentag in Berlin

unangefochten die religiöse Macht aus. Dann führten Streitfragen zwischen den Bischöfen von Rom und Byzanz über Kult, Glaubensfragen und Zölibat zur weiteren großen Trennung der kirchlichen Einheit. Mit dem Schisma 1054 spaltete sich die Ost- von der Westkirche ab.

Der berüchtigte deutsche Hexenjäger Konrad von Marburg schickt ein weiteres Opfer auf den Scheiterhaufen. Die Zeichnung verdeutlicht eines der dunkelsten Kapitel in der Kirchengeschichte.

Im Mittelalter bestimmte die Kirche die abendländische Kultur und gewann eine beherrschende politische Stellung.

Ab 1095 begannen die Kreuzzüge, die Palästina für die Christenheit zurückerobern sollten und deshalb gegen so genannte Ungläubige geführt wurden. Mit dem Aufruf des Papstes Urban brachen die kampfbereiten Volksmassen unter der Führung politisch motivierter Fürsten in Richtung Kleinasien auf, wo sie 1099 Jerusalem einnahmen, das 1187 und 1244 an die Muslime zurückfiel. Der 4. Kreuzzug richtete sich gegen Konstantinopel, wo sich das lateinische Kaisertum auf byzantinischem Reich gründete.

Der Kinderkreuzzug, an dem 1212 mehrere tausend Kinder aus Frankreich teilnahmen, sowie nachfolgende Kämpfe und Kreuzzüge endeten katastrophal. Nach dem Fall der letzten Bastion in Palästina eroberten die Türken 1453 Konstantinopel.

▦ Papsttum und Reformation

Zwischen Kaisertum und Papst kam es bald zu erbitterten Kämpfen um die Vormachtstellung. Auseinandersetzungen führten 1309 so weit, dass der Papst Rom verlassen und nach Avignon übersiedeln musste. Streitereien führten dazu,

Inquisition und Hexenverbrennungen

1184 stellten Papst und Kaiser ein geistliches Gericht auf, das Papst Gregor IX. im Jahre 1231 zur päpstlichen Einrichtung der Inquisition erhob. Diese schickte päpstliche Inquisitoren von Dominikanern und Franziskanern in das Abendland aus, die Ketzer suchen und mit Kirchenstrafen, Gefängnis oder dem Feuertod bestrafen sollten. Das Gericht verfolgte bald alle Andersdenkenden sowie Templer, Mauren oder so genannte Hexen.

In kirchlicher Vorstellung unterlagen vor allem die Hexen, denunzierte Frauen, einem Pakt mit dem Teufel. Der Hexenwahn begann etwa im 14. Jahrhundert und nahm bis ins 18. Jahrhundert extreme Ausmaße an, die dem Gericht Folter und die Verbrennung der Frauen bei lebendigem Leib gestatteten. Über 300 000 dieser abgestraften Mädchen und Frauen wurden allein in den deutschsprachigen Ländern ermordet.

dass bis 1417 zwei Päpste, einer in Avignon und einer in Rom, die Kirchenführung beanspruchten, die schließlich erst ein übergeordnetes Konzil festlegen konnte.

100 Jahre später leitete der Augustiner-mönch Martin Luther die Reformation ein, als er 1517 an die Tür der Schlosskirche zu Wittenberg 95 Thesen schlug.

Darin prangerte er den Ablasshandel der katholischen Kirche zur Vergebung der Sünden und andere Missstände an. Auch Zwingli und Calvin forderten die Erneuerung der Kirche. Die katholische Kirche und deren weltliche Fürsten wendeten sich ab, es kam zur Glaubensspaltung und zur Entstehung neuer, vom Papst unabhängiger Konfessionen. Die Protestanten forderten verstärkte Präsenz der Laien, die Abschaffung des Bilderkults, die Hinführung zum Wort, die Bibel als Richtschnur des Glaubens und Handelns. In der Gegenreformation änderte die katholische Kirche zahlreiche Praktiken und formulierte ihre Thesen auf dem Konzil von Trient (1545 bis 1563) neu.

◼ Säkularisation

Seit dem Mittelalter begann der Prozess der Säkularisierung, bei der sich kirchliche von weltlich-alltäglichen Inhalten trennten, was dahin führte, dass sich der Staat von der Kirche löste. Mit der Aufklärung setzte die Säkularisation ein: Der Staat zog kirchliches Vermögen ein. Österreich und Frankreich ließen als Erste hunderte Klöster und die Güter schließen und versteigern.

In Deutschland begannen die Umwälzungen ab 1803, als Napoleon die linksrheinischen Gebiete besetzte und den Fürsten als Ausgleich den Besitz von vier Erzbistümern bot, darunter das Vermögen aus 300 Abteien und Klöstern, die aufgelöst wurden. Damit ging auch ein großer Teil des Landes, der vorher in kirchlicher Hand lag, an den Staat über.

◼ Kirche heute

Nach der Spaltung in Ost- und Westkirche und der Trennung von reformatorischen, insbesondere evangelischen, Strömungen von der katholischen Kirche breitete sich das Christentum kontinuierlich aus.

Erst mit dem Einzug der Moderne traten vermehrt skeptische Stimmen auf, die bestimmte Glaubenssätze hinterfragten. Während bis heute in den urbanen Gebieten Europas die Zahl der christlichen Gläubigen abnimmt, steigt sie in ärmeren Ländern, vor allem in Südamerika, an. Derzeit gibt es mehr als 400 Konfessionen mit etwa 2,2 Milliarden Menschen, die sich als Christen sehen. Seit einigen Jahren gehen vor allem die großen Kirchen wieder aufeinander zu. 1961 gründete sich der ÖRK, der Ökumenische Rat der Kirchen, der sich dafür einsetzt, dass die Kirchen in Dialog stehen.

Der Reformator Martin Luther (hier nach einem Gemälde von Lucas Cranach) leitete den Protestantismus ein.

Christlicher Glaube

◼ Die Jungfrau Maria

Jesus' Mutter Maria wird von den Gläubigen als
jungfräuliche Gottesmutter verehrt. Die ersten
Erwähnungen der Jungfernschaft traten im
Neuen Testament bei Matthäus auf. Hier steht
im Original das hebräische Wort *calmah*, das
sowohl mit „Jungfrau" als auch mit „heirats-
fähige junge Frau" übersetzt werden kann.

Gotteskinder und Jungfrauengeburten waren
damals im religiösen Leben durchaus üblich,
um bestimmte Personen zu überhöhen, hatten
also eher symbolische Bedeutung. 649 n. Chr.
dogmatisierte Papst Martin I. die Jungfrauen-
schaft Marias als biologisch. Das Dogma besagt,
dass die Jungfernschaft ihr ganzes Leben durch
Keuschheit hielt, weshalb die katholische Kirche

*In diesem Stich nach einem Gemälde von Correggio ist
Maria mit ihrem Sohn Jesus nicht überhöht, sondern in
inniger, natürlicher Verbundenheit einer Mutter mit
ihrem Kind dargestellt. Nach dem Dogma der katholischen Kirche handelte es sich um eine Jungfrauengeburt.*

die Existenz von Jesus' Brüdern und Schwestern
ablehnt, die im Neuen Testament erwähnt
werden.

**Maria erfuhr als Gottesmutter einen
eigenen Platz in der christlichen Hierarchie.
Sie bringt Fürbitte und Gebete vor Gott.**

Ab dem Mittelalter entstanden Hunderte ihr
geweihter Kirchen. Bis heute erreicht die Marien-
verehrung in der katholischen und orthodoxen
Kirche kultische Ausmaße. Im Volksglauben trat
sie damit die Nachfolge der großen Muttergöttinnen an.

◼ Engel und Teufel

Christen glauben an die Existenz einer Geisterwelt. Neben der materialistischen Körper- und
der durchaus geistig-körperlichen Menschenwelt
schuf Gott die ätherische Welt der Geister. Sie
dienen Gott, verkünden oder vollstrecken seinen
Willen den Menschen gegenüber und dürfen sich
dabei auch körperlich zeigen. In der kirchen-
eigenen Engellehre teilen sich die Engel in
3 Hierarchien und 9 Chöre auf, in Engel, Erzengel, Tugenden, in Dominationes, Principatus,
Potestates sowie in Throne, Seraphim und
Cherubim. Die Erzengel sind Vertreter der
Gerechtigkeit (Michael), Verkünder (Gabriel),
Schutzengel (Raphael) und der Wächter an Jesu
Grab (Uriel). Auch blasen sie die Posaunen
während des Weltuntergangs. Engel begegnen
den Menschen in meist jugendlicher Gestalt mit
weißen Gewändern und großen Flügeln. Die
zweite Gruppe ist die der Helfer Gottes bei der
Schöpfung. Die dritte Gruppe hält sich in unmittel-
barer Gottesnähe auf. So sind die Cherubim
ebenfalls geflügelte himmlische Wesen mit
glühenden Gliedmaßen und Augen, die den
Thron Gottes tragen. Sie sind auch die Wächter
des Paradieses.

In der Zeit nach der Schöpfung prüfte Gott
seine Engel, ob sie ihm treu und ergeben waren.

Dabei lehnten sich einige in ihrem Stolz auf, sodass Gott sie in eine Feuerhölle schickte. Von dieser können die Teufel ab und zu entkommen, um Menschen in Versuchung zu führen, sich ihnen anzuschließen. Auch die Teufel sind einer Hierarchie unterworfen. An der Spitze steht Satan oder Diabolus. Ihm ordnen sich eine Reihe spezieller Teufel unter: Mammon, der Geiz, Luzifer, der Hochmut, und Beelzebub, der Herr der Magie.

■ Märtyrer und Heilige

Märtyrer treten in der christlichen Geschichte nach Christus auf und werden verehrt, weil sie bis in den Tod hinein an ihrem Glauben festhalten. Die Worte, die sie während des Märtyriums, also

Engel sind von Gott gesandte Boten und Helfer. Sie finden sich reichlich in der Ikonographie und Innenarchitektur des Kirchenbaus, als Fensterbild (oben rechts) oder in der Verzierung eines Orgelgehäuses (oben, beide Darstellungen aus der Kirche Mariä Himmelfahrt im oberbayerischen Landsberg).

der Qual oder Folter, sprechen, gelten als vom Heiligen Geist eingegeben. Märtyrerinnen und Märtyrer, die vom Papst der katholischen Kirche heilig gesprochen wurden, sind in der Kunst an ihrem beigefügten Folter- oder Todeswerkzeug zu erkennen.

Heilige zeichnen sich durch einen reinen Lebenswandel, göttliche Tugenden und offensichtliche Wundertätigkeit aus.

Ihrer Kanonisation, der Heiligsprechung durch den Papst, geht die Seligsprechung voraus. Heilige stehen nach ihrem Tod in enger Verbindung zu Gott und können angeblich durch Anrufung Einfluss auf göttliche Entscheidungen nehmen. In der Ostkirche finden sie als Ikone Eingang in den Kult. Auch Reliquien, Gebeine oder Überreste von Heiligen, werden wundertätige Kräfte zugeschrieben und deshalb in eigenen Schreinen verherrlicht. Die evangelischen Kirchen lehnen die Heiligenverehrung in ihrem Ausdruck der Anrufung und Fürbitte sowie als Bilder- oder Reliquienkult ab.

■ Gebete und Glaubensbekenntnisse

Gebete spielen in der Liturgie als Glaubensritual in allen Konfessionen eine wichtige Rolle. So geht das Vaterunser, das wichtigste Gebet im Gottesdienst und während der privaten Andacht, auf Jesus zurück.

Mit den sich unterscheidenden Glaubensbekenntnissen bekennen sich die Christen zu ihren Konfessionen. Ein Hauptgebet der katholischen Kirche ist das Ave Maria, das auch in der Gebetsreihung des Rosenkranzes gemeinsam mit dem Vaterunser und dem Glaubensbekenntnis in bestimmten Verteilungen gebetet wird.

■ Die Sakramente

Als Möglichkeit zur Wiedergeburt, aber auch der Erlösung des Menschen sehen Christen die Sakramente, wobei die Konfessionen die Anzahl unterscheiden. In der Heiligen Schrift werden im Zusammenhang mit Jesus zwei dieser heiligen Rituale erwähnt: die Taufe als Aufnahme in die christliche Gemeinschaft und das Abendmahl.

Der katholische Glaube unterscheidet sieben Sakramente: Taufe, Firmung, Abendmahl, Hochzeit, Priesterweihe, Buße und Salbung.

Die evangelischen Kirchen lassen nur die beiden in der heiligen Schrift beschriebenen Sakramente zu, die auf Jesus zurückgehen und deshalb als „sichtbares Wort" bezeichnet werden.

Die Heiligenverehrung geht bis ins 2. nachchristliche Jahrhundert zurück. Sie richtet sich heute in der katholischen Kirche an Maria und die kanonisierten Heiligen wie hier die Heilige Crescentia als geschnitzte und bemalte Figur.

Die Firmung des Prinzen Boris in der orthodoxen Kathedrale in Sofia Ende des 19. Jahrhunderts.

Vaterunser

,,Vater unser im Himmel,
geheiligt werde dein Name,
dein Reich komme, dein Wille geschehe
wie im Himmel, so auf Erden. Unser tägliches
Brot gib uns heute und vergib uns
unsere Schuld, wie auch wir vergeben unseren
Schuldigern. Und führe uns nicht in
Versuchung, sondern erlöse uns von dem
Bösen. Denn dein ist das Reich und die Kraft
und die Herrlichkeit in Ewigkeit. Amen"

Ave Maria

,,Gegrüßet seist du, Maria
voll der Gnade,
der Herr ist mit dir.
Du bist gebenedeit unter den Frauen
und gebenedeit ist die Frucht
deines Leibes, Jesus.
Heilige Maria, Mutter Gottes,
bitte für uns Sünder,
jetzt und in der Stunde
unseres Todes. Amen"

Das Glaubensbekenntnis

,,Ich glaube an Gott, den allmächtigen Vater,
den Schöpfer des Himmels und der Erde,
und an Jesus Christus, seinen
eingeborenen Sohn, unseren Herrn,
der empfangen ist vom Heiligen Geiste,
geboren aus Maria, der Jungfrau,
gelitten unter Pontius Pilatus,
gekreuzigt, gestorben und begraben,
hinabgestiegen zu der Hölle
(in das Reich der Toten), (am dritten Tage)
aufgefahren in den Himmel, (er) sitzt zur
rechten Gottes, des allmächtigen Vaters,
von dannen (dort) wird er kommen zu richten
die Lebendigen und die Toten. Ich glaube an
den Heiligen Geist, die heilige katholische
(christliche) Kirche, Gemeinschaft der Heiligen,
Nachlass der Sünden (Vergebung der Sünden),
Auferstehung des Fleisches (der Toten)
und das ewige Leben. Amen"

■ Himmel und Hölle

Die Hölle bezeichnet im katholischen Glauben
den Ort der ewigen Qual. Im Alten Testament
war dies noch das unterirdische Reich der Toten.
Erst später unterschieden die Juden dort zwischen
dem Ort der Freude und dem Ort der Qual.

Letzterer entwickelte sich im Neuen Testament
zunächst zum Verbannungsort der gefallenen
Engel, der Teufel, später zum unendlichen Lei-
densort der Sünder. Hier unterliegen diese einer
Pein im Fegefeuer, ehe sie gereinigt in den Himmel eingehen können. Die evangelische Kirche
lehnt das Fegefeuer als erdichtet ab.

*Die zum Beten gefalteten oder zusammengelegten Hände
sind ursprünglich eine Unterwerfungsgeste, die auf das
Fesseln der Hände bei Gefangennahme zurückgeht.
Während des Gebets versinnbildlicht dieser Gestus den
Gehorsam.*

Das Haus Gottes

Der *Eingang einer Kirche* liegt meist im Westen, da die Längsachse des Gebäudes in der Regel von West nach Ost verläuft. Am Portal endet das weltliche Leben, weshalb es mit reicher Verzierung vom religiösen Leben im Inneren künden soll. Die Westfassade des Ulmer Münsters ist Zeugnis gotischer Architektur des 14. Jahrhunderts und der Glockenturm mit 161 m der höchste Deutschlands.

Fensterbilder spielten ab dem romanischen Kirchenbau bereits eine Rolle, da sie die mystische Funktion des Lichtes im Sakralbau geschickt verstärkten. Die farbigen Glasfenster stellten Geschichten aus der Bibel nach, wobei die Handwerker und Künstler Symbole und Deutungen aufnahmen.

◼ Die Kirche

Das Kirchengebäude bezeichnen Christen auch als das Haus Gottes. Hier verrichten sie den Gottesdienst oder ziehen sich zur privaten Andacht zurück. Das Wort selber stammt vermutlich vom griechischen *kyriake* ab, das „dem Herrn gehörig" bedeutet.

Die ersten Kirchen entstanden bereits unter Konstantin dem Großen ab 313 im Stil der römischen Basilika, angelehnt an die herrschaftlichen Häuser. Später kam die Kreuzform mit Grundriss eines Kreuzes hinzu, das durch die Seitenschiffe entsteht, die am länglichen Kirchenschiff abgehen.

Die Längsrichtung der Kirche ist von West nach Ost ausgerichtet.

An der Westseite befindet sich der Eingang, diesem gegenüber im Osten der Altar. Auch der Zentralbau spielte von jeher eine wichtige Rolle in der Kirchenarchitektur und ist bis heute in den Bauten der Ostkirchen zu finden. Die Zeitalter und ihre Baustile ließen eine Blüte der verschiedenen romanischen, gotischen und barocken Kirchen entstehen, die sich äußerlich, aber auch im Inneren voneinander unterscheiden.

Auf die Ausschmückungen nahmen die Konfessionen großen Einfluss. Während die katholischen Kirchen zahlreiche Bilder, Seitenaltäre,

Kerzenopfer und eine reich verzierte Ornamentik aufweisen, lehnen die evangelischen Kirchen derartigen Schmuck ab, da hier das Gotteshaus vor allem der Predigt dient. Sie lassen nur einen geschnitzten Altar mit Jesus- oder Kreuzdarstellungen, Kerzen und Blumen zu.

Im Mittelschiff nehmen Kirchenbänke die Gläubigen auf, ebenso die seitlichen, balkonartigen Emporen. Über dem westlichen Eingang befindet sich in der Regel die Empore für Chor und Orgel, das musikalische Begleitinstrument der Liturgien. Von der Kanzel, einem halbrunden, erhöht angebrachten Bauelement mit Steinbaldachin, hält der Pfarrer während des Gottesdienstes seine Predigt.

◼ Das Kreuz

Zentraler Mittelpunkt der Kirche ist neben dem Altar das Kreuz, das auch das Symbol des Christentums ist. In den ersten Jahrhunderten mieden die Christen das Kreuz als Symbol, da diese Todesart allgemein nur Schwerkriminellen vorbehalten war und die Urgemeinden an den in ihren Augen ungerechten Tod erinnerte. Sie wählten den Fisch oder zeigten Jesus als Schäfer.

Erst im 4. Jahrhundert hielt das Kruzifix Einzug in den Symbolismus und die Kunst.

Hier entwickelte sich mit der Zeit eine einheitliche Darstellung des Gekreuzigten: Jesus trägt ein Lendentuch und ist zunächst an Händen und Füßen mit je einem Nagel durchbohrt, später zur Dynamisierung des Bildes (gegen 1200) heftet ein Nagel die übereinander gesetzten Füße an das Holz.

Symbolisch verkörpert das Kreuz das Leiden Christi, aber auch den Messias an sich und die Erlösung. Bischöfe und Prälaten, aber auch viele Gläubige tragen das Brustkreuz. In der katholischen Kirche spielt es bei Prozessionen, bis zu lebensgroßer Form, eine Rolle. In evangelischen Kirchen hängt es an der Ostwand über dem Altar.

◼ Der Altar

Er stellt das mystische Zentrum der Kirche dar und entwickelte sich aus dem Opfertisch. Er ist entweder am östlichen Ende des Kirchenschiffs oder im vorderen Drittel zu finden. Meist dürfen nur Geistliche und Angestellte der Kirche den Ort um den Altar betreten. Gläubige knien als Zeichen ihrer Verehrung vor ihm nieder. Der Altar kann verschiedene Formen annehmen, vor allem besteht er aus einer Platte (Mensa) und dem Träger (Stipes). Dahinter geht der Altar vor allem bei der lateinischen Kirche in einen Schrein oder reich bemalte und verzierte Bilder oder Skulpturenreliefs über.

◼ Der Gottesdienst

Bereits die Urchristen kamen zum Hausgottesdienst zusammen. Als die Kirchen diese Funktion übernahmen, wurde im Jahre 321 der Sonntag als Tag des Herrn festgelegt. Einerseits wollte sich das Christentum mit der Verschiebung des Wochenanfangs vom jüdischen Sabbat abgrenzen, andererseits den Tag der Auferstehung des Herrn ehren.

Der Gottesdienst wird nach einem bestimmten Ablauf zelebriert, einer Liturgie, wobei die

Das Kreuz, meist mit Jesus, dominiert den Altarraum in fast jeder christlichen Kirche. Es verdeutlicht vor allem die Hoffnung und Auferstehung.

Der Altar ist in der Regel ein Stein oder Tisch, auf dem das Opfer dargebracht wird. Hinter dem Altar befindet sich meist ein Aufsatz (Retabel) mit Gemälden, Reliefs oder Skulpturen. Der Altarbereich unterscheidet sich bei den einzelnen Konfessionen in seiner Ausführung. Während die protestantischen Kirchen auf Ausschmückung teilweise ganz verzichten, glänzen die katholischen Altäre durch reiche Schnitzereien, Verzierungen und Farbe. Der Hochaltar rechts ist Maria als Himmelskönigin mit Krone und Zepter gewidmet.

Wortverkündung in der evangelischen Kirche im Mittelpunkt steht. Katholiken begehen dabei die Eucharistie, das Abendmahl. Sie glauben an die Verwandlung von Brot, der Hostie, in den Leib und von Wein in das Blut Christi. Die evangelischen Kirchen feiern den Akt mit der Wahrnehmung der gleichzeitigen Anwesenheit Jesu oder auch nur zur symbolischen Erinnerung.

▦ Beten, beichten, fasten – religiöse Pflichten

Neben den Gebeten und dem sonntäglichen Besuch der Messe gehören in der katholischen Kirche die Beichte und das Fasten

Eine Monstranz gehört in der katholischen Kirche zum Altargerät, wird aber auch bei Prozessionen als Schaugefäß getragen. Üblich sind turmförmige, scheiben- oder laternenartige Gegenstände. Mit dem Barock kam die Sonnenmonstranz in Mode, die Abbildung zeigt ein Ziborium (Hostienkelch).

zu den religiösen Pflichten der Gläubigen. Die Beichte, das Bekennen eigener Schuld, wird in einem Beichtstuhl dem Beichtvater, einem bevollmächtigten Priester, gesprochen. Sie gilt als Sakrament und hat das Mittel der Buße als Lossprechung.

Bis ins 16. Jahrhundert konnte sich der oder die Beichtende mit Geld eine Ablassurkunde erkaufen. Martin Luther wehrte sich in seinen Thesen dagegen, was letztendlich zur Glaubensspaltung führte. In den evangelischen Kirchen vollziehen die Christinnen und Christen die Beichte als Sündenbekenntnis im Gottesdienst.

Das Fasten wird als persönliche Sühne angesehen.

Sie dient der Reinigung und der Einkehr. Katholische Gläubige praktizieren dies in der Fastenzeit, die vierzig Tage vor Ostern beginnt. Das Fastengebot erlaubt dabei nur eine Hauptmahlzeit und das Abstinenzgebot verbietet an Aschermittwoch und Karfreitag Fleischspeisen.

▦ Mönche und Nonnen

Weniger als drei Jahrhunderte nach Christi Tod zog sich der hl. Antonius als Eremit in die Wüste zurück und führte das religiöse Leben eines Mönches. Bald bildeten sich zahlreiche Männer- und Frauengemeinschaften, die dem weltlichen Leben entsagten und in Klöstern lebten. Die ersten Regeln des Mönchtums stellte Benedikt von Nursia auf (480–550), der den Benediktinerorden gründete. Franz von Assisi stiftete drei Orden, die sich durch eine bestimmte Tracht auszeichnen und Franziskaner nennen. Als Bettelorden suchen sie das Evangelium durch Askese oder Seelsorge. Nonnen finden sich ebenfalls in einer Ordensgemeinschaft unter der Leitung einer Äbtissin zusammen und leben in Keuschheit. Viele dieser Orden widmen sich außerdem der Mission, Lehrtätigkeit oder Krankenpflege.

Die katholische Kirche

Die katholische Kirche ist die unter dem Papst
stehende christliche Kirche, die auch als römisch-
katholisch bezeichnet wird. In ihrem Selbstver-
ständnis sieht sich die Kirche als im Besitz der
christlichen Wahrheit von ihrer Gründung bis in
alle Ewigkeit.

Neben der Bibel erkennt sie die zahlreichen
Beschlüsse der Konzile, Schriften der Kirchen-
väter sowie Liturgien als autoritär bindend an.
Alle Fragen des Handelns beantwortet außerdem
die Kirche selbst in der „Glaubensregel", die sich
in deren Lehrautorität zeigt. Den Beschlüssen der
katholischen Kirche haben sich die Gläubigen
unterzuordnen.

*Das Kloster ist mit den Andachtsräumen und Wohnräumen
seit der ersten Klostergründung 529 der Aufenthaltsort
für Mönche und Nonnen, die ein spirituelles, klösterliches
Leben führen möchten. Das Foto zeigt das Kloster Macheras
auf Zypern.*

■ Liturgie und Messe

Das katholische Kirchenjahr gestaltet sich nach
den Festen und Feiertagen, dem liturgischen
Kalender, wobei den Zeitabschnitten bestimmte
Farben zugeordnet sind. Die Liturgie, das
kultische Handeln selber, ist in einem Kanon
festgeschrieben. Dazu gehören die Feier der
Sakramente, der Messe und des Wortgottes-
dienstes.

*Ordensschwestern stellen ihr Leben oftmals in den Dienst an anderen Menschen. Zu ihren Aufgaben gehört
häufig die Seelsorge, die Krankenpflege oder die Hilfe an Bedürftigen, auch vor Ort wie hier in Afrika.*

Als Oberhaupt der katholischen Kirche trägt der Papst auch die amtlichen Titel des Bischofs von Rom, des Stellvertreters Jesu Christi und des Nachfolgers des Apostels Petrus. Hier trifft er im Juni 2019 auf dem Petersplatz in Rom auf tausende Gläubige.

◾ Katholische Hierarchie

Katholische Gläubige können nicht ohne priesterliche Hilfe das Heil erlangen. Der Priester unterscheidet sich vom kirchlichen Laien dadurch, dass er die Priesterweihe erhalten hat. Die Weihe macht ihn dem Priester Christus ebenbürtig. Dieses Sakrament der Ordination kann nur von einem Bischof gegeben werden. Das Priesteramt ist an Ehelosigkeit geknüpft und verpflichtet zum Zölibat. Ihr besonderer Status befähigt katholische Pfarrer, fünf der sieben Sakramente zu spenden, das Evangelium zu verkünden und das Messopfer darzubringen. Firmung und Ordination sind dem Bischof vorbehalten. Der Bischof stellt in der katholischen Kirche den kirchlichen Würdenträger dar, der vom Papst ernannt wird und ein Bistum oder eine Diözese in apostolischer Nachfolge verwaltet. Er besitzt dort die oberste Weihe- und Lehrgewalt sowie die geistliche Gerichtsbarkeit. Bischöfe tragen das Brustkreuz und den Bischofsring, während des Gottesdienstes auch den Bischofsstab und den Bischofshut.

Die Gläubigen zünden in der Kirche Kerzen an während der persönlichen Andacht oder zur Fürbitte.

Die Eucharistie in der katholischen Kirche wird als ein tatsächliches Opfer gesehen. Laien erhalten die geweihte Oblate (Hostie).

Der Papst bekleidet nicht nur das Amt des höchsten Würdenträgers und als Nachfolger Petrus' des Bischofs von Rom, sondern besitzt auch die gesamtkirchliche Macht.

Das äußert sich in der Primatialgewalt, die den Papst zum völkerrechtlichen Souverän macht, aber vor allem als unfehlbar in seinen Entscheidungen, das heißt in allen Fragen des Glaubens. Der Papst wird von den Kardinälen in geheimer Wahl gewählt. Die Insignien seiner Macht sind die Tiara, die Papstkrone, und die Ferula, der Kreuzstab. Die liturgischen Farben sind Weiß, Rot und Violett. Sein Kleid wird nach den verschiedenen Festen danach ausgerichtet.

■ **Sakramente**

Die katholische Kirche sieht sieben Sakramente als heilig an, die auch durch sieben Farben symbolisiert werden:

Die sieben Sakramente

1. **Taufe**	Weiß (rein)
2. **Firmung**	Gelb (Öl)
3. **Abendmahl**	Grün (Hoffnung)
4. **Buße**	Rot (Blut)
5. **Letzte Ölung (Salbung)**	Schwarz (Trauer)
6. **Priesterweihe**	Violett (Priesterfarbe)
7. **Hochzeit**	Blau (Treue)

Orthodoxe Kirchen lehnen sich äußerlich an den byzantinischen Baustil mit runden Kuppeln an.

Die orthodoxe Kirche

Als die Kirche neben der Dreifaltigkeit fest-legte, dass der Heilige Geist von Vater und Sohn gegeben werden könne, begann deren Spaltung. Es entwickelte sich die Orthodoxie, die dieses Dogma ablehnte und bestimmte, dass nur Gott fähig ist, den Heiligen Geist zu spenden. Neben der Frage nach der Göttlich-keit Jesus', der Ikonenverehrung sowie der obersten Autorität traten eine Reihe unter-schiedlicher Auffassungen in bestimmten Glaubenssätzen zutage. Zur endgültigen Trennung zwischen römischer West- und orthodoxer Ostkirche kam es 1054 mit dem großen Kirchenschisma, bei dem sich beide Kirchen gegenseitig exkommunizierten. Die orthodoxen Kirchen sehen sich selber – ihrem Namen „orthodox" entsprechend – als die rechtgläubigen und als diejenigen, die Gott auf die rechte Art verehren.

▨ Gottesdienst und Sakramente

Die Ostkirchen halten sich in ihrem Ablauf des Got-tesdienstes an die historischen Überlieferungen.

Gefeiert werden verschiedene Liturgien und Messen, wie die Chrysostomos- oder Basilios-Liturgie, die auch das Abendmahl beinhalten. Vollzogen werden auch die Katechumenen-messe und die Gläubigermesse mit dem Einzug, Cherubim-Hymnus, Anamnese, Konsekration der Gaben, den Fürbittgebeten, der Kommunion,

Kerzenopfer durch die Gläubigen dienen der Verehrung und der Fürbitte.

Ikonen

Ein besonderes Kennzeichen der Ostkirchen ist die Ikonenverehrung. Das Kultbild, die Ikone, stellt die zu verehrende Person in einer bestimmten Kunstart dar, die seit Jahrhunderten strengen Regeln unterworfen ist. Verehrt wird dabei die Urperson als mystische Quelle, die durch Küssen, Gebete und Kerzenopfer direkt angesprochen werden soll.

Im Kirchenbau steht die Ikonostase, eine Bilderwand aus Ikonen mit drei Türen, die den Altarraum vom restlichen Raum trennt. Die mittlere Tür ist die Heilige Pforte, rechts neben ihr findet sich die Ikone des Heilands, links die der Jungfrau Maria.

Ikone aus Kreta, das für seine reiche Ikonenkunst berühmt ist.

der Verteilung des nichtgeweihten Brotes und der Entlassung.

Die orthodoxen Gläubigen kennen sieben Sakramente: Taufe, Firmung, Abendmahl, Buße, letzte Ölung, Priesterweihe und Hochzeit.

In der griechischen Kirche bildet das apostolische Glaubensbekenntnis ebenso die Grundlage des Glaubens wie die Glaubenslehre des Johannes von Damaskus, der 754 starb.

Orthodoxe Hierarchie

Auch die orthodoxe Kirche unterscheidet Geistliche von Laien, wobei die geistlichen Ämter noch verschiedene Abstufungen aufweisen. Priester werden von einem Bischof geweiht und sind anschließend fähig, sechs der sieben Sakramente zu verwalten. Priester dürfen verheiratet sein, sofern sie es vor ihrer Weihe waren. Bischöfe werden aus den Priestermönchen gewählt und verpflichten sich zum Zölibat. Patriarchen nehmen unter ihnen wiederum den höchsten Rang ein.

Armenischer Bischof und ein russischer Patriarch in einer Zeichnung aus dem 19. Jahrhundert.

Die evangelische Kirche

Die evangelische Kirche stellt das Evangelium in den Mittelpunkt, worauf sie ihren Namen gründete. Aus der Protestbewegung gegen die Auffassung der römischen Kirche, alleiniger Mittler zwischen Gott und den Menschen zu sein, entstand auch die Bezeichnung der protestantischen Kirchen. Die größten Strömungen unter den protestantischen Kirchen sind die Lutheraner und die Reformierten.

Evangelische Kirchen lehnen jeden Bilder-, Reliquien- und Heiligenkult ab, ebenso wie die Ansicht der römischen Kirche über Buße, Sakramente und Kirchenordnung, da diese sich nach Ansicht der Protestanten erst in der Geschichte und vor allem durch menschliches Einwirken entwickelten. Die göttliche Offenbarung ist jedoch allein in der Bibel zu finden und dort auch jedem Christen, jeder Christin zugänglich. Dafür bedarf es keiner besonders geweihten Person und keines Mittlers, also auch keines sichtbaren Oberhaupts.

Die evangelische Kirche richtet sich in ihrem Glauben nach der „Augsburger Konfession" aus dem Jahre 1531. Luthers Katechismen gelten außerdem für die Lutheraner, bestimmte Konfessionen und der Heidelberger Katechismus für die Reformierten.

Martin Luther

Martin Luther lebte von 1483 bis 1546. Er trat 1505 in das Augustiner-Kloster in Erfurt ein, wurde 1507 zum Priester geweiht, erhielt 1512 die Doktorwürde und die Professur für Bibelauslegung in Wittenberg. 1517 schlug er die 95 Thesen als Antwort einer Ablasspredigt an die Tür der Schlosskirche zu Wittenberg und leitete damit die Reformation ein. Zunächst forderte Rom von ihm den Widerruf, doch Luther distanzierte sich, indem er das Papsttum als rein menschliche Institution, ebenso wie die Konzilien, benannte. Als ihm mit einer Bulle der Bann drohte, verbrannte er diese gemeinsam mit scholastischen Schriften öffentlich. Nachdem er 1521 gebannt wurde, verteidigte er sich, widerrief aber nicht, woraufhin er mit der Reichsacht belegt und damit für vogelfrei erklärt wurde. Kurfürst Friedrich der Weise versteckte Luther auf der Wartburg, wo dieser das Neue Testament übersetzte. Er verfasste zahlreiche Schriften, zwei Katechismen und eine Bekenntnisschrift und war auch maßgeblich an der Entwicklung der hochdeutschen Sprache beteiligt. Während der Bauernkriege heirateten Luther und die frühere Nonne Katharina von Bora.

Martin Luther schlägt die 95 Thesen an die Schlosskirche zu Wittenberg.

■ Gottesdienst und Sakramente

In den evangelischen Kirchen spielen Laien eine
wichtigere Rolle als in der römisch-katholischen
sowie in den orthodoxen Konfessionen. Frauen
dürfen hier als Pfarrerin oder Bischöfin das Amt
ausüben. Zugrunde liegt das Amtsverständnis
der evangelischen Kirche. Niemand wird nach
göttlichem Recht vor Gott bevorzugt. So kann
es auch kein geistliches Oberhaupt der Kirche
geben. Geistliche werden mit dem apostolischen
Handauflegen geweiht und brauchen sich nicht
zur Ehelosigkeit verpflichten.

Der Pfarrer oder die Pfarrerin verkündet das
Evangelium, verwaltet die Sakramente und übt
die Schlüsselgewalt aus. Im Mittelpunkt des
Gottesdienstes steht die Predigt.

In den Sakramenten äußert sich die Anlehnung an das Wort dahingehend, dass evangelische
Christen nur zwei Sakramente anerkennen, die
beide auf Jesus zurückgehen: die Taufe und das
Abendmahl.

*Das Innere einer evangelischen Kirche ist schlicht gehalten
und verzichtet auf figürliche oder ausladende Verzierung.
Oben ist die im Jahre 1913 gebaute Christuskirche in Landsberg zu sehen.*

*Die Taufe ist eines der beiden Sakramente in der evange-
lischen Kirche. Mit ihr wird ein Mensch in die christliche
Gemeinschaft aufgenommen. Der Taufstein (links) steht
innerhalb des Kirchengebäudes.*

Die Konfessionsfamilien der reformatorischen Kirchen:

- Brüderunität („Herrnhuter")
- Methodistische Kirche
- Jünger Christi
- Freie Ev. Gemeinden
- Heilsarmee
- Pfingstbewegung
- Christliche Unitarier
- Siebenten-Tags-Adventisten

- Lutherische Kirchen
- Reformierte Kirchen
- Evangelisch-unierte Kirchen
- Anglikanische Kirche
- Mennoniten
- Baptisten
- Quäker

Feste und Feiern

*„Ich bin die Auferstehung und
das Leben; wer an mich glaubet,
der wird leben, ob er gleich stürbe;
und wer da lebet und glaubet an mich,
der wird nimmermehr sterben."*

Joh. 11, 25 f.

◾ Das Kirchenjahr mit seinen Farben

Das Kirchenjahr gruppiert sich um das wichtigste Fest der Christenheit: Ostern. Das Datum ist aus der Bibel abgeleitet und wird nach dem ersten Frühlingsmond gelegt. Zahlreiche Feste des Kirchenjahres nehmen dieses Datum als Grundlage (Pfingsten), andere haben feste Daten (Weihnachten).

Die liturgischen Farben sind in der katholischen Kirche seit 1570 verbindlich, wobei in unterschiedlichen Kulturen noch variiert werden darf.

Fest stehen: Violett für Advent und Fastenzeit, Grün für die Sonntage, Rot für die Leidensfeste, Weiß für die Freudenfeste, Schwarz (auch Violett) als Trauerfarbe. Die evangelischen Kirchen übernehmen die Farben für die hochkirchlichen Feste, haben ansonsten keinen Farbkanon. Die Ostkirchen schmücken Schwarz bei Fasten-, Rot und Weiß als Farbe bei Totengottesdiensten.

Das liturgische Jahr beginnt überall mit dem ersten Adventssonntag.

◾ Ostern, Pfingsten, Weihnachten

Das wichtigste Fest der Christen ist das Osterfest. Es beinhaltet die Kreuzigung und Auferstehung Jesus' und symbolisiert damit den christlichen Glauben. Das Datum berechnet sich aus dem Frühlingsmond und geht auf den Zeitpunkt der Bibel zurück, als Jesus das Passahfest besuchte, das in der jüdischen Religion im März/April

Kirchenjahr und Kirchenfeste

1. Advent	Beginn des Kirchenjahrs	**Pfingsten**	Siebter Sonntag nach
Weihnachten	25. Dezember		Ostern
Epiphanias/		**Trinitatis**	Erster Sonntag nach Pfingsten
Heilige	6. Januar	**Fronleichnam**	Donnerstag nach Trinitatis
Drei Könige		**Peter und Paul**	29. Juni
Mariä Lichtmess	2. Februar	**Mariä**	15. August
(Darstellung		**Himmelfahrt**	
des Herrn)		**Mariä Geburt**	8. September
Mariä	25. März	**Erntedankfest**	Sonntag nach Michaelis
Verkündigung			(29. September)
Palmsonntag	Sonntag vor Ostern	**Buß- und Bettag**	Mittwoch vor dem letzten
Gründonnerstag	Donnerstag vor Ostern		Sonntag im Kirchenjahr
Karfreitag	Freitag vor Ostern	**Reformations-**	31. Oktober
Ostern	Erster Sonntag nach dem	**tag**	
	ersten Frühlingsmond	**Allerheiligen**	1. November
Christi	40. Tag nach Ostern	**Allerseelen**	2. November
Himmelfahrt			

Am katholischen Feiertag Allerseelen gedenken die Menschen ihrer Verstorbenen. In Mexiko wird dieser Tag mit der gesamten Familie begangen, die sich auf dem Friedhof einfindet.

gefeiert wird. Vor dem Osterfest liegt die vierzigtägige Fastenzeit, die Woche vor Ostern heißt Karwoche. In der katholischen Kirche wird das Osterfest von der Abendmesse am Gründonnerstag bis zum Ostersonntag begangen. Auch die Gläubigen der Ostkirchen fasten 40 Tage vor dem Fest. Ostern selbst wird als Feier des Heilsgeschehens gesehen. Bei den protestantischen Kirchen nimmt Ostern als Auferstehungsfest ebenfalls den zentralen Platz ein.

Vierzig Tage nach Ostern feiern die Gläubigen Christi Himmelfahrt, eine Woche später erfährt die Osterfeier ihren Höhepunkt im Pfingstfest. Hier ehren Christen die Ausgießung des Heiligen Geistes und die Gründung der Kirche. Zehn Tage nach dem Pfingstfest wird in der katholischen Kirche Fronleichnam mit einer Prozession gefeiert. Fronleichnam dient der Eucharistie-Verehrung. Ein weiteres wichtiges Fest findet am 15. August mit Mariä Himmelfahrt, der Aufnahme der Gottesmutter in den Himmel, statt.

Mit dem Weihnachtsfest am 25. und 26. Dezember feiern die Christen die Geburt Jesu, von der es allerdings kein geschichtlich verbürgtes Datum gibt. Die frühen Christen in Alexandria legten die Geburt auf Epiphanias, das Geburtsfest des Gottes Aion. Noch heute wird in den Ostkirchen an diesem Tag das Weihnachtsfest begangen.

Das Christentum im Römischen Reich bestimmte das Geburtsfest dagegen auf den Tag der Geburt des unbesiegbaren Sonnengottes, die in der Nacht vom 24. auf 25. Dezember stattfand. Das Epiphanienfest wurde daraufhin zum Dreikönigstag.

Eine vierwöchige Adventszeit eröffnet in der Westkirche Weihnachten.

Am Heiligen Abend, dem Abend des 24. Dezember, wird die Geburt Jesu mit der Christmette gefeiert. Zahlreiche Bräuche wie das Aufstellen der Krippe, des Weihnachtsbaumes und das Singen von Weihnachtsliedern machen das Fest zu einem christlichen Familienfest.

Am 6. Januar feiert die Westkirche das Eintreffen der Heiligen Drei Könige mit dem Erscheinungsfest. Mit Mariä Lichtmess, einer Reinigungsfeier für Maria nach der Geburt, endet die Weihnachtszeit.

Bei der christlichen Hochzeit trägt die Braut ein weißes Kleid und der Bräutigam einen festlichen Anzug. Der Schleier war ursprünglich geschlossen und symbolisierte die Jungfräulichkeit. Um Mitternacht wurde er durch die Haube ersetzt, die eine verheiratete Frau kennzeichnete.

■ Allerheiligen und Allerseelen

Seit dem 9. Jahrhundert feiert die lateinische Kirche den Gedenktag ihrer Heiligen am ersten November, die Ostkirche am ersten Sonntag nach Pfingsten.

Am zweiten November folgt dem Tag Allerheiligen das Fest Allerseelen, der Gedenktag der Verstorbenen. Der in der katholischen Kirche begangene Tag erlangt vor allem mit dem Fürbittgebet für die armen Seelen, die im Fegefeuer darben, besondere Bedeutung. Die katholischen Christen glauben, dass Seelenmessen und fromme Werke deren Pein verkürzen können.

Evangelische Christen gedenken ihrer Toten am letzten Sonntag des Kirchenjahres, bevor der Advent beginnt. Gräberschmuck und Grabbesuche sind in allen Konfessionen üblich, die Totenlichter bei der lateinischen Kirche.

■ Der christliche Lebenslauf

Das Leben eines christlichen Menschen läuft nach einem bestimmten Kalender ab. Wenige Wochen bis Monate nach der Geburt erhält der Säugling das Sakrament der Taufe. In einer feierlichen Zeremonie wird der Mensch in die Gemeinde aufgenommen. Von nun an gehört er zur christlichen Gemeinschaft.

Den Glauben bezeugt er später mit der Teilnahme am Abendmahl, einem weiteren Sakrament, das die katholischen, orthodoxen und anglikanischen Kirchen jeden Sonntag feiern, die evangelischen nur etwa einmal im Monat. Am Abendmahl dürfen Jugendliche teilnehmen, wenn sie nach einer christlichen Erziehung mit einem zeremoniellen Übertritt in die Reihen der Erwachsenen aufgenommen worden sind.

In der katholischen Kirche findet diese Zeremonie mit der Erstkommunion statt, die regional verschieden gefeiert wird. Meist tragen die etwa 10-jährigen Mädchen weiße Kleider, die Jungen Anzüge. Die sakramentale Aufnahme erfolgt in der katholischen und orthodoxen Kirche mit der

Beerdigungszug **auf dem Weg zum Friedhof in Westafrika.**

Firmung. Die etwa 12- bis 14-jährigen Jugendlichen erhalten das Sakrament nach einem Firmunterricht durch Handauflegen und Salbung des Bischofs.

In der evangelischen Kirche wird der Übertritt der Jugendlichen durch die Konfirmation gefeiert. Nach einem etwa zweijährigen Konfirmandenunterricht gelten die 13 bis 15 Jahre alten Jugendlichen nach der Zeremonie, die ein Pfarrer ausführt, als eigenständige Mitglieder der Gemeinde.

In der katholischen Kirche ist die Eheschließung eines der sieben Sakramente, das nicht gebrochen werden darf. Die evangelischen Kirchen sehen die Trauung dagegen als Segenshandlung. In den ersten christlichen Jahrhunderten galt die Eheschließung als weltlicher Akt, der gemeldet werden musste. Erst im Mittelalter entwickelte sich daraus das Sakrament der Eheschließung, das nur durch einen Priester vollzogen werden konnte.

Nach ihrem Tod werden die christlichen Gläubigen auf einem Friedhof bestattet. Seit den christlichen Anfängen bis ins 20. Jahrhundert zog die Kirche die Beerdigung der Feuerbestattung vor, in Erinnerung an Jesus' Begräbnis. Die Zeremonie selbst wird von einem Geistlichen abgehalten und soll Trost und Hoffnung spenden. Christen glauben, dass sich nach dem Tod Geist und Körper scheiden. Während der Körper verfällt, wird der Geist mit neuer Hülle wiedergeboren. Christen glauben auch an ein Jenseits, das der unsichtbare Wohnort Gottes, der Engel und der Toten ist. Nach dem Tod warten die Geister zunächst im Hades auf das Gericht, das über ihre Zukunft entscheidet. Während in der katholischen Kirche nur diejenigen, die an Jesus glauben, nach dem Tod weiterleben und die Gottlosen zu ewiger Qual in der Hölle verdammt sind, glaubt die protestantische Kirche nicht an das Fegefeuer.

Islam

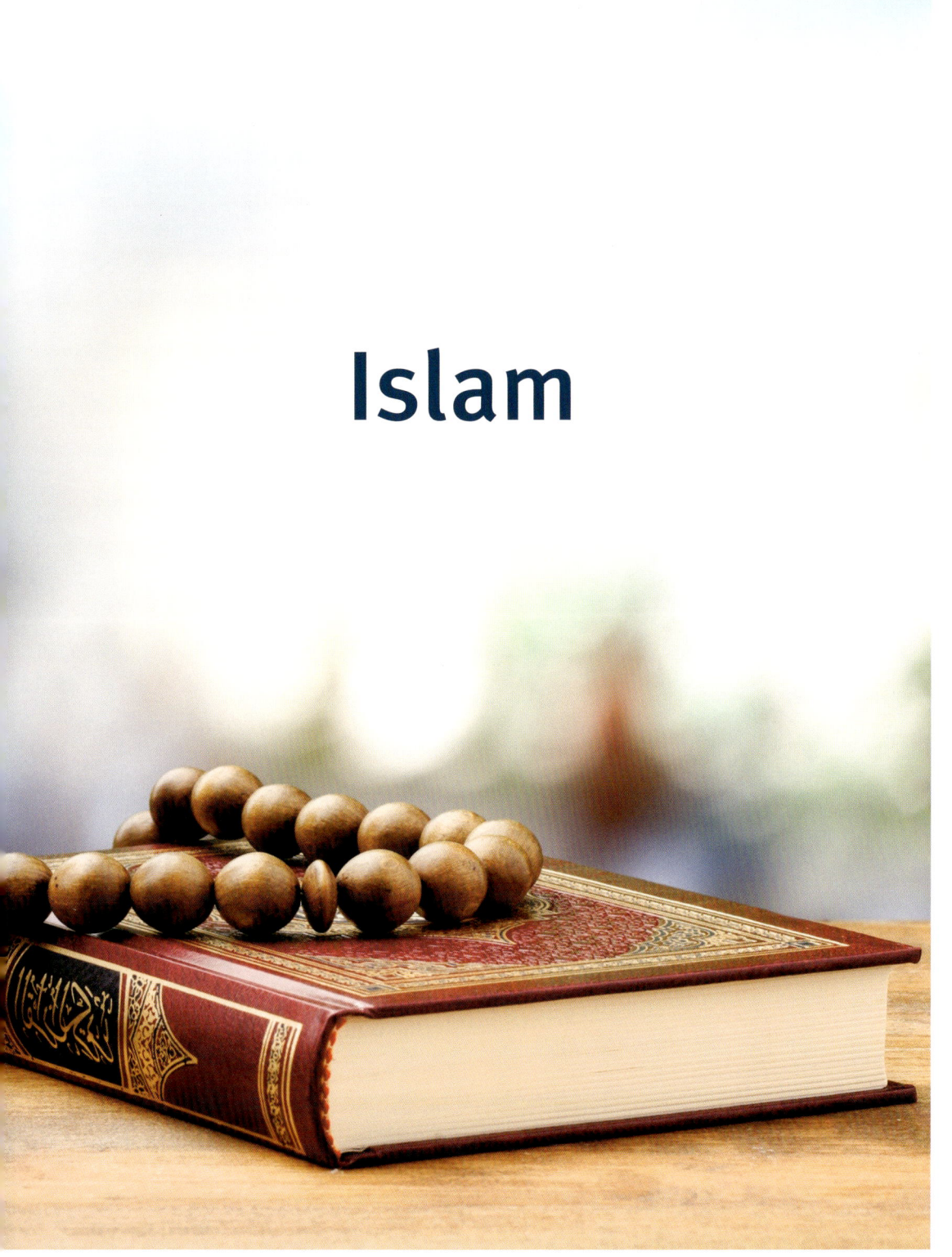

Islam

Mehr als 1,6 Milliarden Gläubige bekennen sich zum Islam, etwa jeder fünfte Mensch auf der Welt. Damit ist der Islam die zweitgrößte Weltreligion. Als Stifter gilt Mohammed, der sich durch den Erzengel Gabriel von Gott zum Propheten berufen sah. Im Jahre 622 zog er mit seinen Anhängern von Mekka nach Medina und die Zeitrechnung des Islam begann. Rasch breitete sich der Glaube in den kommenden Jahrhunderten über große Teile der Welt aus. Heute ist er die vorherrschende Religion in mehr als 35 Ländern Afrikas und Asiens. In 132 Staaten der Erde gibt es muslimische Glaubensgemeinschaften.

Der Islam ist eine der größten Religionen der Erde. Über den Ursprung des Begriffs „Islam" gibt es verschiedene Deutungen: *Islam* kommt entweder aus dem Arabischen und bedeutet „sich Gott hingeben" oder es stammt vom arabischen *Salam* (Frieden) ab. Die Gläubigen, die Muslime, sind „diejenigen, die sich Gott hingeben" (persisch: *Moslem*). In zehn Ländern leben mehr als zwei Drittel aller Gläubigen: Den größten Anteil haben Indonesien, Pakistan, Indien, Bangladesch, Ägypten, Nigeria, Iran, die Türkei, Algerien und Marokko. Auch in Europa sind einige Länder teilweise muslimisch geprägt, so z. B. Albanien, Bosnien und Herzegowina sowie der Kosovo.

Seit den Kreuzzügen ist der einen Stern umschließende Halbmond das Wahrzeichen der islamischen Welt.

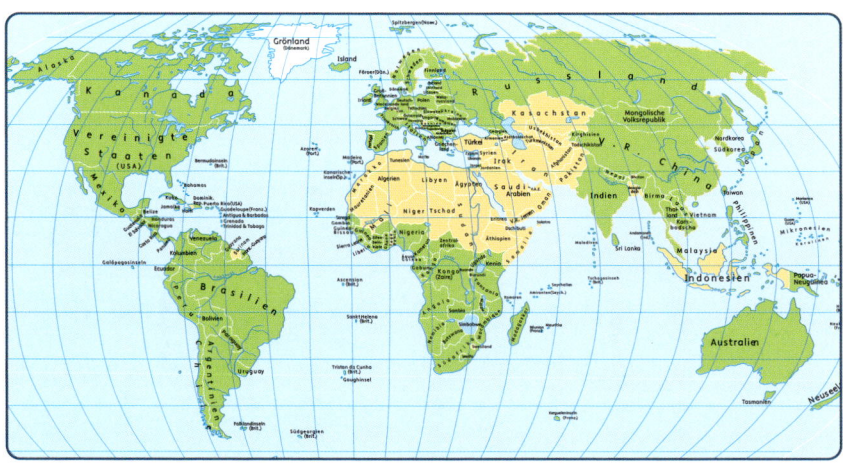

Der Islam ist die vorherrschende Religion in mehr als 35 Staaten (in der Karte gelb eingefärbt).

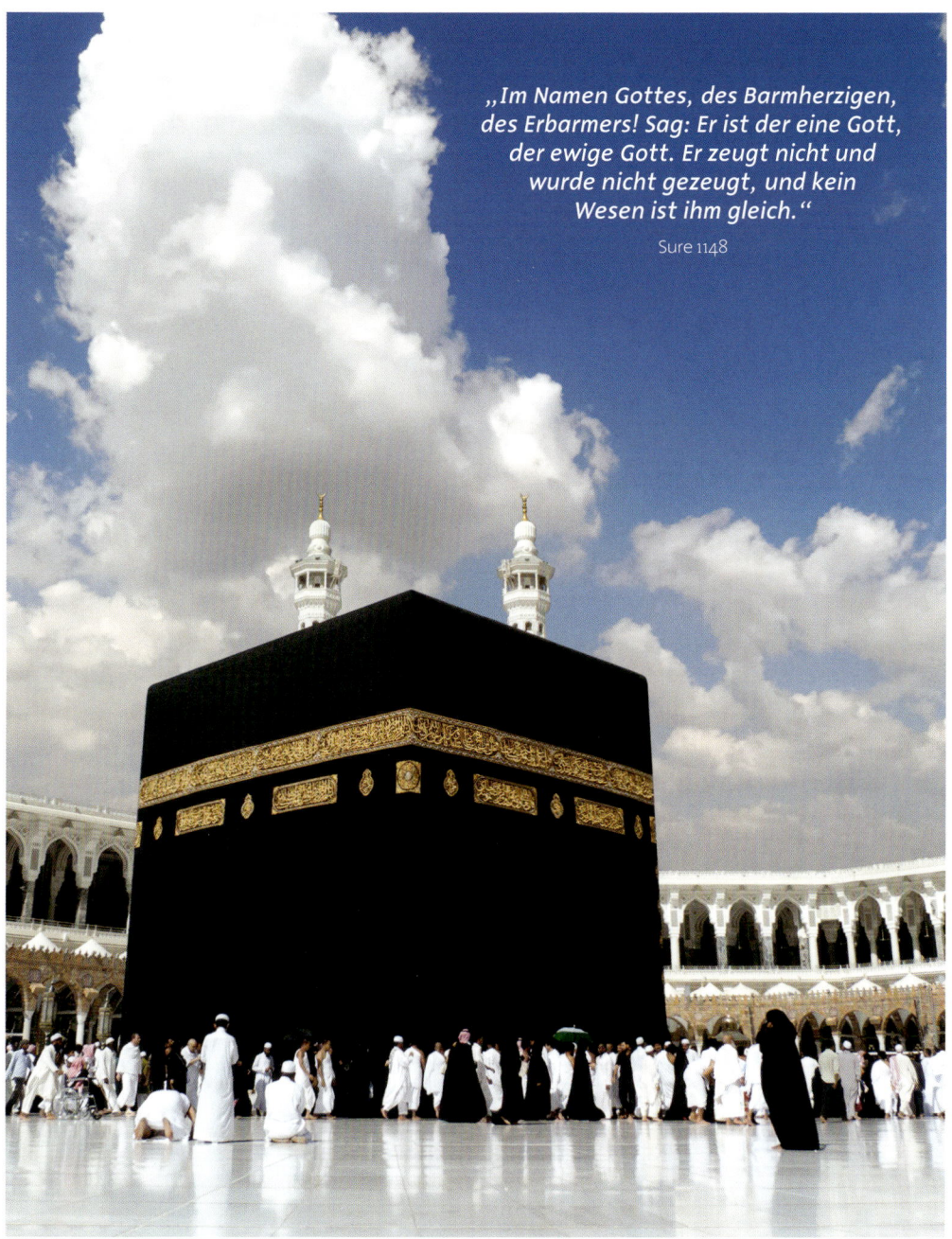

„Im Namen Gottes, des Barmherzigen,
des Erbarmers! Sag: Er ist der eine Gott,
der ewige Gott. Er zeugt nicht und
wurde nicht gezeugt, und kein
Wesen ist ihm gleich."

Sure 1148

Die Kaaba, Heiligtum des Islam in Mekka, wird heute jährlich von mehr als 10 Millionen Pilgern besucht.
Es liegt im Staat Saudi-Arabien und darf nur von Muslimen betreten werden.

Was ist Islam?

Mit „Islam" werden sowohl die Glaubensgemeinschaft als auch die Glaubenspraktiken bezeichnet. Die Gläubigen sehen ihre Lehre als die einzig wahre Offenbarungsreligion für alle Menschen, egal welcher Herkunft, Hautfarbe oder Kultur. Sie ist auf die Zukunft, vor allem aber auf das Jüngste Gericht ausgerichtet, wobei in der Grundaussage die Ungläubigen bestraft werden sollen. Der Islam ist monotheistisch, sieht also nur einen einzigen Schöpfer als Gott (arabisch: Allah) an.

Islam selbst heißt in der Übersetzung „sich Gott hingeben", Muslime sind „diejenigen, die sich Gott hingeben". Nach der Auffassung des Islam unterwirft sich der Mensch seit seiner Zeugung dem allmächtigen Gott und vollzieht damit den Islam, das Hingeben, seitdem er existiert.

„Im Namen Gottes, des Barmherzigen, des Erbarmers." Alle Suren im Koran (bis auf eine) beginnen damit. Die Gläubigen sprechen sie seit frühester Kindheit nach jeder Mahlzeit oder bei jedem Gebet wie hier am Ufer des Indus in Pakistan.

Islam und Schöpfung sind hier also untrennbar miteinander verbunden.

Was bedeutet ...

Allah	der einzige Gott	**Muslime**	(Moslems) „die sich Gott
Apostasie	Abfall von einer Religion		hingeben", die Gläubigen
Dschinn	Wesen zwischen Mensch und Engel	**Ramadan**	Fastenmonat
Fatwa	Rechtsgutachten	**Sadaqa**	Almosen (freiwillig)
Hadithen	überlieferte Aussprüche, Anord-	**Salat**	Gebet
	nungen und Handlungen des	**Scharia**	Gesetzessammlung
	Propheten	**Scheich**	„ehrwürdiger Mann", Titel
Hajj	(Hadsch) Pilgerfahrt (nach Mekka)	**Schiiten**	von Schia, die Gespaltenen,
Hijra	(Hedschra) Auswanderung		Partei Alis
Imam	Vorbeter, auch religiöser Führer	**Shahada**	Glaubensbekenntnis
Jihad	(Dschihad) Heiliger Krieg	**Sultan**	Machthaber, politischer Führer,
Kaaba	Heiliger Stein in Mekka		der bestimmt wird
Kadi	Richter	**Sunna**	prophetische Tradition,
Khalifa	Stellvertreter des Propheten		Quelle religiöser Normen
Koran	Heilige Schrift	**Sunniten**	Gläubige der vier Rechtsschulen,
Moham-	(Muhammad)		die sich auf die Sunna stützen
med	der Gepriesene	**Sufi**	islamischer Mystiker
Mudscha-	„die den Jihad ausüben"	**Sufismus**	islamische Mystik
hidin		**Suren**	Abschnitte im Koran
Muezzin	Gebetsrufer	**Umma**	Gemeinschaft der Muslime
Mufti	Aussteller eines Rechtsgutachtens	**Zakat**	Almosen (Pflicht)

Im Gegensatz zu den anderen Religionen sieht sich der Islam als die Religion mit der letzten, wahren Offenbarung, die im Koran unverfälscht niedergeschrieben wurde.

Mohammeds Himmelsreise: Nach der Legende führte ein Engel Mohammed auf einem Himmelstier von Mekka nach Jerusalem und von dort in den Himmel. Er durchwanderte die sieben Paradiese, bis er schließlich Gott gegenüberstand. Hier erreichte er, dass die Muslime Gott künftig statt der 50 nur noch die fünf Grundpflichten schulden, die als die fünf Säulen zu den alltäglichen Handlungen gehören. An dem Ort, von dem aus Mohammed seine Himmelfahrt zu Lebzeiten begann, errichteten Gläubige später den Felsendom in Jerusalem.

Allah, der Barmherzige

Muslime glauben an einen alleinigen Gott, der in der arabischen Sprache „Allah" (al-Ilah) heißt. Mohammed führte den Monotheismus ein, während zu seiner Zeit in der arabischen Welt noch zahlreiche Gottheiten angebetet wurden. Zwar hatte sich bereits Allah als oberster Gott durchgesetzt, dem die anderen Götter dienten, doch Mohammed rief zum strikten Monotheismus auf.

Muslime zeigen die Demut ihrem Gott gegenüber auch in der Heiligen Schrift: Im Koran wird Allah mit 99 Worten als Schöpfer, Gütiger, Barmherziger oder Unvergleichlicher beschrieben, der hundertste Name soll ihm aber nur selbst bekannt sein. Etwa 2700-mal wird er im Koran zitiert. Muslime beten sämtliche Namen anhand der 99 (oder 33) Perlen des Rosenkranzes, damit sie ihre Seelen reinigen und Dämonen fernhalten.

Allah ist dabei aber nicht der Vater, sondern der Schöpfer und Lehrer. Er hat weder Sohn noch Tochter. Es gibt keine göttliche Dreieinigkeit wie in anderen Religionen, sondern nur allein Allah.

> **„Er ist Gott, außer dem es keinen Gott gibt. Er ist es, der über das, was verborgen und was allgemein bekannt ist, Bescheid weiß. Er ist es, der barmherzig und gnädig ist ... Er allein ist Gott, der Schöpfer, Erschaffer und Gestalter. Ihm stehen die schönsten Namen zu ..."**
>
> (Sure „Die Versammlung")

Gott erschuf den ersten Menschen aus einem Klumpen und belebte diesen mit seinem Geist. Durch diesen Akt gilt der Mensch auch als Stellvertreter, als Khalifa, auf Erden. Da Gott mit dem Menschen einen Bund geschlossen hat, liegt ihm die gesamte Schöpfung zu Füßen, um ihm zu dienen. Den Menschen zeichnet sein Intellekt aus, der ihn aber auch verführbar macht. Über sein Verhalten wird das Jüngste Gericht urteilen.

Etwa um 570 n. Chr. kam Mohammed in der Stadt Mekka zur Welt, die später der heiligste Ort des Islam werden sollte.

Die Barmherzigkeit Allahs zeigt sich in der Entsendung von Propheten, den Offenbarungen und dem Koran, die den Menschen an die göttliche Schöpfung erinnern sollen.

Der Jihad (Dschihad), der Heilige Krieg, der schon im Koran berufen wird, kennt verschiedene Auslegungen. So wird er als der persönliche Zweikampf zum barmherzigen und geläuterten Menschen beschrieben, als Kampf gegen innere Feinde, aber auch gegen äußere. Mohammeds Anhänger und die nachfolgenden Kalifen führten den Heiligen Krieg gegen die Feinde Allahs blutig aus: Die Schlacht von Badr im Jahre 624 gilt als erster Heiliger Krieg in der Geschichte des Islam. Nach islamischem Recht ist der „kleine Jihad" eine zulässige Form, den Herrschaftsbereich des Islam zu erweitern oder sich zu verteidigen. Heute wird der Aufruf zum Jihad nur von radikalen muslimischen Strömungen wahrgenommen.

Islamische Geschichte

570–632	Leben Mohammeds
622	Die islamische Zeitrechnung beginnt.
632	Nach dem Tode Mohammeds wird Abu Bakr als erster Kalif gewählt, Südmesopotamien wird erobert.
634	Umar wird zweiter Kalif, erobert Ägypten, Palästina, Syrien, Mesopotamien und Persien.
644	Uthman wird dritter Kalif, erobert Teile Nordafrikas, Nord- und Ostiran und Afghanistan.
656	Ali wird vierter Kalif.
657	Schiitischer Islam entsteht nach der Schlacht von Sifin.
661–750	Ermordung Alis, Herrschaft der Omayaden
680	Alis Sohn Hussein stirbt in der Schlacht bei Kerbala.
688–692	Bau des Felsendoms in Jerusalem
719	Cordoba wird Residenz der arabischen Gouverneure.
732	islamischer Vorstoß nach Europa in Poitiers
750–1258	Herrschaft der Abbasiden, „goldenes Zeitalter"
8.–9. Jh.	Die islamischen Rechtsschulen entstehen.
8. Jh.	Der Sufismus entsteht.
9. Jh.	Die wichtigsten Traditionssammlungen entstehen.
969–1171	Dynastie der ismaelischen Fatimiden in Ägypten
1055–1220	Seltschukken-Sultane regieren in Bagdad.
1096	erster Kreuzzug
1099	Kreuzfahrer erobern Jerusalem.
1135	Der Sufi-Orden entsteht.

1187	Jerusalem wird von Saladin zurückerobert.
1189	Der dritte Kreuzzug beginnt.
1202–1204	vierter Kreuzzug
1204	Kreuzfahrer erobern Konstantinopel.
1228–1534	Herrschaft der Hafsiden in Tunesien
1250-1517	Mamelukenherrschaft in Ägypten
1258	Ende des Abasidenreichs, Mongolen plündern Bagdad
1291	letzte Kreuzfahrer aus Palästina vertrieben
1301	Aufstieg der Osmanen
1326	Bursa wird erste Hauptstadt der Osmanen.
1370	Edirne wird zweite Hauptstadt der Osmanen.
1453	Mehmet II. erobert Konstantinopel.
1492	Muslimische Herrschaft in Spanien beendet.
1502	Safawidendynastie in Persien
1520–1566	Oberherrschaft der Ottomanen in Südosteuropa, Nordafrika und Westasien
1526–18. Jh.	Mogulnherrschaft in Indien
1798–1801	Napoleon marschiert in Ägypten ein.
1803	Ägypten löst sich vom Osmanischen Reich.
1832	Franzosen besetzen Algerien.
1849	Wahhabiten-Herrschaft in Arabien
1850	Singapur ist islamisches Zentrum Ostasiens.
1858	Indien wird britische Kolonie, Mogulnherrschaft beendet.

Die größte Moschee des Abendlandes wollte der Kalif Abd ar-Rahman in Cordoba errichten. Im Jahre 785 begann er mit dem Bau der Mezquita, vollendet wurde sie im 10. Jahrhundert.

1885–1898	Mahdi-Herrschaft im Sudan
1914	Osmanisches Reich verbündet sich im Ersten Weltkrieg mit den Mittelmächten.
1924	Das Kalifat wird abgeschafft, Kemal Atatürk ruft den türkischen Staat aus.
1932	Gründung von Saudi-Arabien, erster Erdölfund in der arabischen Welt
1948	erster arabisch-israelischer Krieg
1962	Die Islamische Liga wird gegründet.
1972	Die OIC (*Organisation der Islamischen Konferenz*) entsteht.
1979	islamische Revolution im Iran
2001	Islamische Selbstmordattentäter zerstören das World Trade Center in New York, amerikanische Streitkräfte stürzen das fundamentalistische Taliban-Regime in Afghanistan.
2003	unter Präsident Bush Invasion der amerikanischen Streitkräfte im Irak, Sturz des Diktators Saddam Hussein
seit 2003	Die Terrormiliz Islamischer Staat (IS) agiert im Irak, in Syrien und in Lybien.

Der Name „Koran" leitet sich aus dem arabischen Wort für „zitieren" ab, das auf die Worte des Erzengels hinweist. Bis heute wird aus dem Koran rezitiert, darüber meditiert, er wird in Koranschulen abgeschrieben und von vielen Gläubigen auswendig gelernt.

Prophet Mohammed

Mohammed (auch Muhammad, der Gepriesene) entstammte einer angesehenen Sippe, den Hashemiten vom Stamm der Quraish. Noch vor seiner Geburt starb der Vater Abd Allah.

Etwa um 570 n. Chr. kam Mohammed in der Stadt Mekka zur Welt. Um seine Geburt ranken sich zahlreiche Geschichten: So soll die Nabelschnur bereits durchschnitten und der Körper des Kindes von Engeln gebadet worden sein. Als er sechs Jahre alt war, starb auch seine Mutter Amina. Zuerst wuchs Mohammed bei seinem Großvater, später bei seinem Onkel Abu Talib auf, mit dem er später Handelsreisen nach Syrien unternahm. Mohammed brachte es zu Geschick und Ansehen. Als er 25 Jahre alt war, übertrug ihm die 15 Jahre ältere Kaufmannswitwe Khadija die Verantwortung einer Reise nach Syrien. Später bot sie ihm die Heirat an, die er annahm. Tochter Fatima kam auf die Welt.

Nachdem Christen und Juden Mohammed nicht als neuen Propheten anerkannten, stiftete er ab dem Jahre 624 den Islam als neue Religion in der als rein geltenden Tradition des Ur-Vaters Abraham.

Er ließ die ersten Moscheen bauen, legte die Gebetsrichtung von Jerusalem nach Mekka und andere Pflichten fest. Auseinandersetzungen mit den jüdischen Stämmen oder Mekkanern wurden zum Teil blutig beigelegt. Im Jahr 628 pilgerte Mohammed nach Mekka zur Kaaba, dem schwarzen Stein, der

Im Alter von 40 Jahren zog sich Mohammed an den Berg Hira zurück

Er versank in Meditationen, um sich über den Sinn des Lebens klar zu werden. Seit geraumer Zeit hatte er mit Kritik den Verfall der sozialen Werte, das polytheistische und oberflächliche Treiben in der arabischen Welt beobachtet. In der Höhle am Berg Hira empfing Mohammed um 610 die ersten Offenbarungen. Er begann gegen den Polytheismus zu predigen und trat in Kontakt mit den Juden und Christen vor Ort. In seinen ersten Predigten sprach er vor allem vom Jüngsten Gericht. Doch er traf weitgehend auf Unverständnis und Anfeindungen, wodurch er schließlich mit seinen Anhängern Mekka verließ.

Erst in Medina fanden seine Lehren Gehör. Im Jahre 622 kam es zur Hijra (Hedschra): Mohammed siedelte nach Medina über und gab damit seine Stammesbindungen auf, die damals das soziale Leben prägten.

Auf diesen Zeitpunkt wurde die islamische Zeitrechnung festgesetzt. In Medina lebte Mohammed als geachteter Führer des Gemeinwesens und heiratete nun mehrere Frauen.

Er errichtete im Einklang mit den anderen Stämmen die Umma, das religiös geprägte Gemeinwesen, und beschloss eine Art Verfassung, die er durchsetzte.

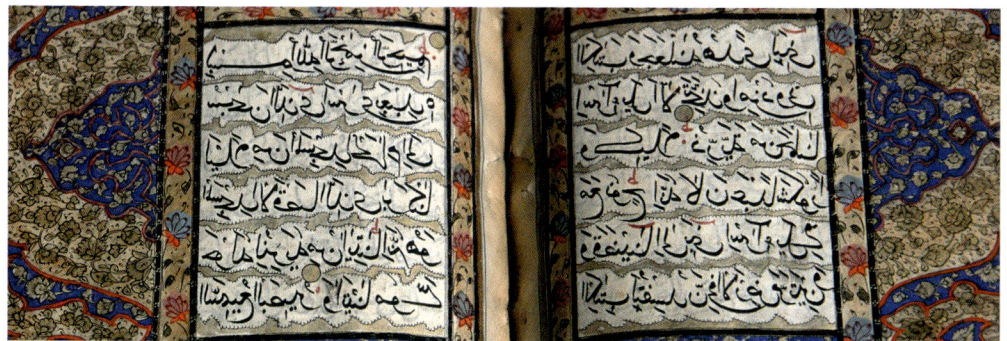

Der Koran gilt als Gotteswort und soll auf ein bei Gott verborgenes Urbuch zurückgehen, das sicher im Himmel aufge-hoben ist. Er steht für die textliche Verkörperung Gottes, so wie im Christentum Jesus als körperliche Inkarnation angesehen wird.

als altarabisches polytheistisches Heiligtum verehrt wurde. Dabei zeigte er sein Geschick als Staatsmann, indem er eine 10-jährige Waffen-ruhe aushandelte. Die Führer der meisten Stämme traten zu ihm über, Mekka zeigte sich jedoch unbeugsam. Erst als er den Vertrag brach und mit Streitkräften aufzog, fiel auch Mekka. Mohammed ließ die Kaaba von den polytheis-tischen Symbolen säubern, weihte sie Allah und schuf damit das religiöse Zentrum des Islam und der Pilgerfahrten. Im Jahre 632 unternahm Mohammed seine letzte Pilgerfahrt und starb in Medina als angesehener Prophet, Politiker und Führer der arabischen Halbinsel.

Nach dem Tode Mohammeds griffen die nachfolgenden Kalifen zu den Waffen und unterwarfen bis zum Jahre 650 die angrenzen-den Fürstentümer zwischen Syrien, Palästina, Ägypten und dem persischen Kaiserreich. Aus der umstrittenen Nachfolge der Kalifen

Umar (634–644), Uthman (644–656) und Ali (656–661) geht die bis heute anhaltende Spaltung der Muslime in die mehrheitlichen Sunniten und die Minderheit der Schiiten hervor.

Der Koran – heilige Schrift der Muslime

Inhaltlich weist der Koran keine Systematik auf. Formal besteht er aus 114 Abschnitten, den Suren, mit 6219 Versen. Doch die Suren sind weder chro-nologisch nach dem Ablauf der Verkündigungen noch nach dem Inhalt geordnet. Vielmehr scheint die Länge den formalen Zusammenhang zu bieten: Am Anfang stehen die längsten Suren mit über 200 Versen, den Schluss markieren die Suren mit den wenigsten.

Der Koran gilt als Gotteswort und soll auf ein bei Gott verborgenes Urbuch zurückgehen, das sicher im Himmel aufgehoben ist. Er steht für die textliche Verkörperung Gottes, so wie Jesus im Christentum als körperliche Inkarnation gilt. Als letzte der Offenbarungsschriften, zu denen vorher die jüdische Thora und die christliche Bibel zählen, gibt er nach Auffassung des Islam die Verse im Gegensatz zu seinen Vorgängern unverfälscht wieder, da sie zeitlich gesehen bald nach der Verkündigung aufgeschrieben wurden.

Fünf Hauptthemen spricht der Koran an:
„Hölle und Paradies" und das „Jüngste Gericht", verschiedene Bibelthemen, Rechts-vorschriften sowie theologische Diskussionen und ethische und soziale Prinzipien. Jede Sure trägt eine Überschrift, die auf das folgende Thema hinweisen soll.

**Das Buch selbst darf nur von
Muslimen nach einer rituellen
Reinigung berührt werden.**

Die Texte des Koran stammen aus den Offenbarungen in Mekka (der ersten Periode) und
Medina (der zweiten Periode) zwischen 610 und
632, die Mohammed von Gottes Engel empfangen
haben soll. Nach der Überlieferung hielt ihm der
Erzengel Gabriel in der Höhle Ghar Hira nahe

Mekka ein Tuch mit Gottes Wort vor Augen. Da
aber der Prophet des Lesens und Schreibens
unkundig gewesen sein soll, zitierte der Engel
die Worte Gottes. Mohammed gab seine Offenbarungen an seine Anhänger weiter, die zunächst
die Worte behielten und mündlich überlieferten
und später auch auf verfügbaren Materialien
wie Knochen, Tonscherben und Palmblättern
aufschrieben.

Weitere Grundlagen des Glaubens

Sunna und Hadithen

Die zweite, ebenfalls wichtige Quelle für das
religiöse Leben der Muslime ist die Sunna. Wörtlich
heißt Sunna: „die gewohnte Handlung, der ein-
geführte Brauch". Sie vereint die überlieferten
Worte und Handlungen Mohammeds sowie die
der vier „rechtgeleiteten Kalifen" in der Nachfolge Mohammeds. Sie gelten als Grundlage für
die politische, rechtliche und religiöse Praxis. Aus
sich später entwickelten Lehrtraditionen gingen
die vier Rechtsschulen hervor. Die Sunna ist in
Hadith-Sammlungen überliefert. Diese haben den
Stellenwert der persönlichen Äußerungen des
Propheten und geben dessen Ansichten und
Gedanken weiter, die für die Gläubigen so wichtig
sind.

Fatwa und Apostasie

Bei Fragen zum islamischen
Recht im Alltagsleben kann
sich ein Gläubiger Rat bei
einem Mufti, einem Rechtsgelehrten, holen. In einem
Gutachten (Fatwa) klärt
der Gelehrte den Sach-
verhalt, wobei die Aussage
aber stark von der Per-
sönlichkeit und Autorität

des Muftis abhängt. Mit der Fatwa bietet sich
die Möglichkeit, die islamische Lehrauffassung
ständig zu aktualisieren. Bei der Apostasie
wenden sich Muslime vom Islam öffentlich ab.
Bis heute droht ihnen dafür in einigen Ländern
der Tod, ebenso wie den Menschen, die andere
dazu verleiten, sich vom Islam abzukehren. Die
Abtrünnigen werden als Murtadd bezeichnet.

Engel und Dschinn

Engel spielen im Islam eine große Rolle und
gelten als Gesandte Allahs. Sie essen, trinken
und schlafen nicht. Menschen können die
geschlechtslosen Wesen für gewöhnlich nicht
sehen. Ihre Rollen sind fest definiert. Zu den
wichtigsten Engeln gehören Gabriel, der Überbringer der Botschaft, Michael, der Führer der
Menschen, und Raphael, der bei der Auferstehung die Posaune bläst, sowie der Todesengel
Izrail. Der Erzengel Gabriel, der im Arabischen
Djabrail heißt, verkündete Mohammed die
Offenbarungen. In der Berghöhle hielt er dem
meditierenden Propheten ein Tuch mit Gottes
Wort vor Augen. Neben den Engeln leben die
Dschinn auf der Erde. Sie gelten als gute oder
böse Geister, wobei jeder Mensch von einem
jeder Art im Leben begleitet wird. Dschinn
essen, trinken und besitzen ein Geschlecht.

Von der Spitze des Minaretts fordert der Muezzin die Gläubigen aus allen Himmelsrichtungen zum Gebet auf. Mehrere Minarette, wie bei der Blauen Moschee in Istanbul, umgeben eine große Anlage.

Nach dem Tode Mohammeds sammelten die beiden ersten Kalifen Abu Bakr und Umar sämtliche Texte, die sich inhaltlich und auch formell unterschieden. Die arabische Sprache gab den Wortlaut aufgrund unterschiedlicher Aussprachen nicht einheitlich wieder. Vielmehr verursachten Auslegungen heftige Diskussionen. Auch wurden bereits nach dem Tode Mohammeds Verse aus dem Koran entfernt. Später setzte eine Welle von Veränderungen und Abschwächungen ein, die eine große Zahl von islamischen Schriften hervorbrachte. Erst nach der Einführung einheitlicher Satzzeichen konnte eine Geschlossenheit des Textes gewonnen werden. Der dritte Kalif Uthma (644–656) ließ in der damals aktuellen arabischen Sprache einen einheitlichen Kanon verfassen, der seitdem als endgültige Fassung verbreitet ist. Alle anderen Schriften wurden vernichtet.

Noch heute wird der Koran in der „reinen" arabischen Sprache, dem Hocharabisch, zitiert.

Das Wort selbst gilt als über jeden Zweifel erhaben und Kritik wird als Unglauben gesehen.

Die Blaue Moschee, eigentlich Sultan-Ahmed-Moschee, oben in einer Abbildung aus dem 19. Jahrhundert, erhielt ihren Namen aufgrund der Tausenden von blauen Fliesen, die ihr Inneres auskleiden.

Die Moschee

Die erste Moschee baute Mohammed angeblich selbst in Quaba bei Medina. Er soll sein eigenes Haus dafür zur Vorlage genommen haben.

Zu Beginn dienten Moscheen als Stätten zum Gebet, der Unterweisungen, politischen Diskussionen, aber auch als Gerichtsort und Hospital. Später entwickelte sich daraus das Gebetshaus für die Freitagspredigt, die „Große Moschee". Der „Ort, an dem man zum Gebet niederfällt" – was Moschee im wörtlichen Sinne bedeutet –, ist vor allem ein großer Versammlungsraum mit zahlreichen Säulen. Die Gebetsnische (Mihrab) in der Wand (Quibla), die nach Mekka zeigt, weist die Gebetsrichtung. Dort steht auch der Predigtstuhl (Mimbar). Andere Stühle oder Bänke sind nicht zu finden, dafür bedecken Teppiche den Boden. Darauf werfen sich die Gläubigen barfüßig und nach rituellen Waschungen zum gemeinschaftlichen Gebet am Freitag nieder.

In der Anfangszeit des Islam hielt der Kalif die Predigt, bereits ab dem 10. Jahrhundert dann der Imam. Noch heute werden in der Freitagspredigt neben religiösen auch politische Themen angesprochen, die in der Geschichte Ausgangspunkte für Auseinandersetzungen und Revolutionen bildeten.

Wie bei vielen Bauten der islamischen Welt ist bei manchen Moscheen die äußere Erscheinung weniger wichtig, was als moralischer Wert ausgelegt werden kann. Nicht das Äußere soll bestechen, sondern das Innere. Zahlreiche Moscheen zeugen aber auch außen von großer künstlerischer Fertigkeit: Portal und Kuppel sind architektonisch ausgearbeitet. Üppige Ornamente in zum Teil leuchtenden Farben überziehen die Fassade. Hohe Türme, die Minarette mit kleinen Balkonen an der Spitze, stehen neben der Moschee. Fünfmal am Tag steigt hier der Muezzin nach oben und ruft in die vier Himmelsrichtungen die Gläubigen zum Gebet:

> **„Ich bezeuge, dass es keinen Gott gibt außer Allah! Kommt her zum Gebet! Allah ist groß, es gibt keinen andren Gott außer Allah!"**

Für die rituellen Reinigungen standen früher an der Außenanlage Waschanlagen bereit. Die Brunnen im weitläufigen Innenhof enthielten eigentlich Trinkwasser und wurden erst später zur Reinigung genutzt.

Islamische Kunst

Der Islam verbietet die figürliche Darstellung in der sakralen Kunst. Obwohl im Koran kein ausdrückliches Verbot zu finden ist, setzte sich bald die Auffassung durch, dass mit dem figürlichen Abbilden die Schöpferkraft herausgefordert wäre, die nur Allah allein besitzt. Daraufhin entstand eine herausragende Ornamental- und Schriftenkunst in den islamischen Ländern. Figuren durften in der profanen Kunst zur Illustrierung schöngeistiger oder wissenschaftlicher Werke nur ohne individuelle Züge und ohne Schatten dargestellt werden.

Mohammed selbst wird stets gesichtslos abgebildet.

Die islamische Kunst spaltet sich in verschiedene geschichtliche Epochen auf, in den omaijadischen Stil, den abbasidischen, den fatimidischen, den seldschukischen, den mamlukischen, den maurischen und zahlreiche andere Stile.

Derwische sind islamische Bettelmönche, deren Ordenszugehörigkeit sich in der unterschiedlichen Tracht ausdrückt. Ihre religiösen Tänze können sie in ekstatische Zustände führen.

Sunniten und Schiiten

Aus der ungeklärten Nachfolge Mohammeds ging die Trennung der Muslime in die beiden großen religiösen Hauptströmungen Sunniten und Schiiten hervor. Heute bekennen sich etwa 90 Prozent der Muslime zum sunnitischen und etwa 10 Prozent zum schiitischen Islam.

Sunniten sehen die Nachfolge Uthmans, des dritten Kalifen nach Mohammed, und dessen Nachfahren als rechtens und befürworten den Kalifen als politisches Gemeindeoberhaupt. Der Kalif wird nach Glaubens- und Führungsqualität ausgesucht. Das Kalifat bildete die zentrale politische und religiöse Institution. Die Sunna und die verschiedenen Rechtsschulen sind die Grundlage des religiösen Lebens und der Lehre.

Die Schiiten bekennen sich zur Partei Alis, des Schwiegersohnes Mohammeds, die mit ihrem Namen Schia (Trennung) darauf aufmerksam machte, dass sie sich von den mehrheitlichen sunnitischen Muslimen abwendete. Schiiten gehen von einer direkten familiären Nachfolge Mohammeds aus, die durch Mohammeds Tochter Fatima und seinen Schwiegersohn Ali begründet wurde. Aus diesen Reihen stammt auch das religiöse Oberhaupt der Schiiten, der Imam.

Die Auseinandersetzung zwischen Schiiten und Sunniten geht auf den Koran zurück. Die Schiiten verweisen auf einige Verse, die auf Mohammeds Schwiegersohn Ali als Nachfolger hinweisen und die deshalb aus dem Koran entfernt worden seien. Schiiten und Sunniten vertreten unterschiedliche Ansichten um die Nachfolge Mohammeds.

Mystiker und Sufis

Etwa im 9. Jahrhundert entwickelte sich die mystische Strömung der Sufis. Ziel des Ordens ist es, Gott nahe zu sein und mit dessen Liebe erfüllt zu werden. Es gibt zahlreiche verschiedene Richtungen. Einige Mitglieder sind als Derwische bekannt, andere durch ihre ekstatischen Tänze. Sie tragen lange wollene Gewänder. Mit verschiedenen Praktiken wollen sie einen Zustand erreichen, der sie von den Leiden erlösen soll. Da Sufis nicht den religiösen Pflichten unterliegen, gelten sie von Seiten der islamischen Theologen als umstritten.

Fundamentalisten

Zu einer Rückkehr zu den Ursprüngen des Islam und dessen gelebter Werte rufen die Fundamentalisten auf. Sie wollen eine Gesellschaftsordnung erschaffen, die vor allem das islamische Recht in allen Bereichen des Lebens geltend macht. Extreme Fundamentalisten zeigen sich in einigen Gruppierungen auch gewaltbereit.

Religiöse Pflichten

Der gläubige Muslim schuldet Gott und den Mit-
menschen Pflichten. Dazu praktiziert er fünf
Grundgebote, die als „fünf Säulen" im Islam
bekannt sind.

🟨 1. Glaubenszeugnis – die Shahada

Der Islam kennt keine Taufe, durch die Menschen
zu Mitgliedern der Religion werden. Hier spricht der
oder die Gläubige vor Mitgläubigen das Bekenntnis,
die Shahada, und gilt fortan nach göttlichem

Recht als Muslim. Das Glaubensbekenntnis muss
aus vollster Überzeugung gesprochen werden:
„Ich bezeuge, dass es keinen Gott außer Gott gibt
und dass Mohammed sein Prophet (Gesandter)
ist." Die Abkehr von diesem Bekenntnis wird als
Apostasie bezeichnet.

🟨 2. Die Pilgerfahrt nach Mekka – der Hajj

Einmal im Leben unternimmt ein gläubiger Muslim
bzw. eine Muslimin eine Pilgerfahrt zur Kaaba
in Mekka, die als das größte religiöse Heiligtum

Während des Gebets in der Moschee verneigen sich die Gläubigen gen Mekka, wie hier in diesem Stich aus dem 19. Jahrhundert.

Die Kaaba, das würfelförmige Zentrum der großen Moschee in Mekka, ist der örtliche Mittelpunkt des Glaubens der Muslime. Hier endet die Pilgerfahrt der Gläubigen. Das Gebäude ist mit einem schwarzen Tuch bedeckt und umschließt einen leeren Raum ohne Fenster, der nur an besonderen Tagen begangen werden darf.

des Islam gilt und von Abraham und seinem Sohn Ismael gegründet worden sein soll. Hierher führte auch Mohammeds letzte Wallfahrt kurz vor seinem Tode.

Im zwölften Monat des islamischen Kalenders gilt es, die große Pilgerfahrt in den fünf verbindlichen Stationen zu absolvieren.

Sie beginnt mit dem Marsch zum Afra, dem heiligen Berg des Islam, 21 Kilometer außerhalb von Mekka gelegen. Dafür reinigt sich der Gläubige in Mekka und legt ein weißes Gewand an, das ihn weder als arm noch als reich kennzeichnet. Siebenmal umrundet er nun die Kaaba, den schwarzen viereckigen Stein im Hof der großen Moschee,

und betet an Abrahams Platz. Dann läuft er siebenmal zwischen den Hügeln as-Safa und al-Marwa hin und her in Gedenken an die Suche Hagars nach Wasser. Hagar war eine Sklavin Abrahams, die ihm seinen Sohn Ismael gebar, der die religiöse Abstammung der Araber und damit Mohammeds begründete. (Abrahams Sohn Isaak mit seiner Frau Sara gilt als Urvater der Juden und Christen.) Am nächsten Tag versammeln sich die Pilger am Afra, lobpreisen Gott und beziehen erst nach Sonnenuntergang ihre Herberge. Der kommende Tag erinnert an das Opfer Abrahams. Im Gegensatz zur Genesis der Juden und Christen glauben die Muslime, dass Gott dem Ur-Vater Abraham befahl, seinen Sohn Ismael zu opfern. Gott sandte daraufhin seinen

Engel Gabriel und hielt Abraham ab. Stattdessen wurde ein Widder geschlachtet. Die letzten Tage der Wallfahrt dienen der rituellen Steinigung Satans, den drei Stelen symbolisieren. Am Ende opfert der Gläubige Teile seines Haares.

■ 3. Das Gebet – die Salat

Zu festgelegten Zeiten fünfmal täglich tritt der Gläubige in Zwiesprache mit Gott, indem er betet. Will er einen höheren Stellenwert erreichen, sollte er das Gebet in der Gemeinschaft suchen. Der Ablauf ist streng festgelegt und richtet sich nach dem Sonnenstand. Das erste Gebet erfolgt in der Morgendämmerung, das zweite, wenn die Sonne im Zenith steht, das dritte nachmittags, das vierte bei Sonnenuntergang und das fünfte vor dem Schlafengehen.

Für das Gebet hat sich der Gläubige rituell zu waschen, den Gebetsteppich in sauberer Umgebung zu entrollen und einen Platz weit entfernt vom anderen Geschlecht zu wählen. Vorher fasst der oder die Gläubige den Vorsatz, welches Gebet er/sie ausführen möchte. Das Beten wird in einer bestimmten Reihenfolge durchgeführt: zunächst in aufrechter Haltung, später sitzend und verbeugend.

Das Pflichtgebet am Freitag findet in der Moschee statt. Dazu versammeln sich die Gläubigen hinter dem Imam, dem Vorbeter.

Das Freitagsgebet ist die wichtigste Versammlung der Woche, die in der Moschee stattfindet. Die Gläubigen stehen und sitzen in Reihen angeordnet hinter dem Imam, der die Worte vorbetet.

Die muslimische Hochzeit wird jeweils nach dem Ritus der Region gefeiert. Der Ehevertrag hält sich in der Regel an die Traditionen. Danach muss sich die Frau dem Mann unterordnen und der Mann seine Familie finanziell versorgen.

▪ 4. Das Fasten im Monat Ramadan – das Saum

Im neunten Monat des islamischen Kalenders müssen Gläubige ab der Pubertät fasten, um ihre Gottesfurcht auszudrücken. Ausgenommen sind unheilbar Kranke und Kinder. Kranke, Schwangere, Stillende, Menstruierende und Reisende dürfen die Fastenzeit verschieben.

Die Fastenzeit dauert 29 oder 30 Tage. Tagsüber, wenn es hell ist, dürfen die Fastenden keine Nahrung, Getränke und Genussmittel zu sich nehmen und keinen Geschlechtsverkehr ausüben.

Heute sehen viele Gläubige die Fastenzeit auch als ihren Ausdruck zur Verurteilung der Konsumgesellschaft. Während des Ramadan dürfen die Fastenden keine üble Nachrede führen oder grobe Worte gebrauchen.

▪ 5. Das Almosen – Zakat und Sadaqa

Als eine der fünf Pflichten wird das Teilen angesehen. Dazu gehört das Pflichtalmosen, das Zakat, eine jährlich abzuführende Abgabe an den öffentlichen Haushalt, auch um die Gemeinschaft zu stärken und sozial Schwächere zu unterstützen.

Die zweite Art der Abgabe, die Sadaqa, kann jeder selbst bestimmen. Ist sie an einen Menschen in Not gerichtet, soll sie dem Gebenden den Einzug ins Paradies erleichtern.

Gläubiges Leben

Der gläubige Muslim schuldet Gott und den Mit-
menschen Pflichten. Dazu praktiziert er fünf
Grundgebote, die als „fünf Säulen" im Islam
bekannt sind.

▪ Geburt

Zur Geburt wird dem Kind der „Gebetsruf" ins Ohr
geflüstert und das Haar geschoren. Beim Erstgeborenen ist es vielerorts üblich, ein Tieropfer zu
bringen. Etwa eine Woche nach der Geburt wird
dem Kind der Name gegeben.

▪ Hochzeit

Die Heirat gehört zu den wichtigsten Zeremonien,
bei der nicht nur die ganze Familie, sondern auch
große Teile der Sippe und Nachbarschaft teilnehmen. Vor den Festlichkeiten wird ein Ehevertrag
unterzeichnet, der sich an den Rechten und
Pflichten orientiert, die im islamischen Recht
festgeschrieben sind. Dazu gehört, dass der
Ehemann Frau und Kinder zu unterhalten hat.
Die Frau schuldet ihm Gehorsam und die ehe-
lichen Pflichten.

Die anschließenden Hochzeitsbräuche sind
nach Landstrich und sozialer Stellung verschieden.
In der Regel schmückt sich die Frau im Hause der
Eltern. Dem Brautpaar werden Hände und Füße
mit Henna gefärbt. Mit einem festlichen Zug
wird die Frau in das Haus des Mannes geleitet.
Beim anschließenden Fest feierten früher die

Die Scharia

Als allumfassendes Gesetz wird die Scharia
bezeichnet, die auf die Gebote Mohammeds
zurückgehen soll. Wörtlich bedeutet sie „Weg":
Gemeint ist wohl der Weg zur Einheit von
Glauben und Handeln. Die Scharia als Hand-
lungsanleitung umfasst alle Lebensbereiche.
Als religiöse und politische Rechtsauffassung
wird sie in manchen Ländern mit dem staatlichen Recht gleichgesetzt. Nach der Scharia
zählen zu den religiösen Pflichten die fünf
Säulen des Islam: Beten, Fasten, Almosen
und Pilgerfahrt, aber auch der heilige Krieg
(Jihad) gegen Nichtmuslime. Ebenso sind aber
auch Familienrecht, Erb- und Vermögens-
recht, Schuld-, Straf- und Verfahrensrechte
beschrieben.

Grundlage bilden der Koran, frühe Traditionen, Gespräche, Überlieferungen (Hadith),
überlieferte Verhaltensweisen Mohammeds
und seiner Jünger (Sunna) und die Auffassungen
der islamischen Rechtsgelehrten. Aus den
unterschiedlichen Ansichten der Gelehrten
bildeten sich vier Rechtsschulen des sunnitischen Islam heraus: die malikitische, hanefi-
tische, schafiistische und hanbalistische Schule.

Die bedeutende Rechtsschule der Schiiten
wird als jaafaristische Schule bezeichnet.

Jede Schule brachte eine Scharia heraus,
die sich in einigen Auffassungen unterscheidet,
im Gesamten aber ähnlich ist. Trotzdem bleibt
viel Interpretationsraum. Dem Ruf nach der
Einführung der islamischen Gesetze als staat-
liches Recht geht vor allem die Verurteilung
mit den im Koran beschriebenen Körperstrafen
voran.

Geschlechter voneinander getrennt, heute geht
die Tendenz zu einer großen gemischten Feier.
Oft ist es auch Brauch, dass anschließend ein ein-
wöchiges Festessen stattfindet, das zu einer
großen finanziellen Belastung führen kann.

Beschneidung

Allgemein üblich sind die Beschneidungen der Knaben, bei denen die Vorhaut ab- oder eingeschnitten wird. Dieses Ritual geht auf Abraham zurück. Beschneidungen der Mädchen sind weder im Koran noch in der Hadith erwähnt und deshalb als Unterdrückungsritual der Frau zu bewerten. Die Klitorisamputation und andere zum Teil lebensgefährliche Verstümmelungen führen zu Behinderungen und Schmerzen bei den Frauen. Die Beschneidungen werden zum Teil erst bei Eintritt in die Pubertät vollzogen. Einige islamische Länder verbieten das Ritual.

Tod und Begräbnis

Nach dem Tod eines Gläubigen erfolgt die Bestattung bereits am nächsten Tag. In manchen Gegenden sprechen die Angehörigen das Glaubensbekenntnis. Der oder die Tote wird sorgfältig gewaschen, anschließend in ein Leinentuch gehüllt und mit einem Leichenzug zum Friedhof gebracht. Zwar sollte dies ohne großen Aufwand verlaufen, nach und nach hat sich aber die Tradition durchgesetzt, dass sich die Träger abwechseln, um gute Taten zu sammeln. Jedes Grab ist so auszurichten, dass das Gesicht des Begrabenen nach Mekka zeigt.

Muslime leben mit der Gegenwart des Todes. Ihre Friedhöfe sind zwar schlicht und schmucklos, wie es Mohammed vorschreibt, dienen aber auch der Begegnung. Gerade an Feiertagen versammelt sich hier die Familie und lässt sich zu einem Picknick nieder. Riesige Landschaften aus Gräbern breiten sich in der Nähe jeder Großstadt aus, denn nach islamischem Glauben liegen die Toten im Grab bis zum ,,Jüngsten Tag'', dem Tag der Auferstehung. Ihre Seelen irren noch drei Tage um das Haus, siebenunddreißig Tage um das Grab und fliegen dann in den unbestimmten großen Raum, den Barzakh, wo sie sich bis zum Tag des Gerichts aufhalten.

Der Schleier

Der Koran enthält kein Verschleierungsgebot für Mädchen und Frauen. In ihm wird nur erwähnt, dass sich Frauen nicht offen zur Schau stellen und mit ihrem Überwurf derart bedecken sollen, dass sie nicht belästigt werden. Vermutlich ab dem 9. Jahrhundert wurde der Schleier von der

Shah Jahan erbaute im 17. Jh. für seine verstorbene Frau Mumtaz-i-Mahal den Tadsch Mahal, eine Grabanlage, die heute für die indische märchenhafte Baukunst steht. Große Mausoleen zeigen eine ähnliche Aufteilung: die große, zwiebelförmige Kuppel, symmetrische Wasserkanäle und eine vierseitige Gartenanlage.

Der Ganzkörperumhang lässt den Frauen nur ein gitterartiges Gesichtsfeld zum Sehen und Atmen frei. Frauen, die das Haus verlassen, müssen in manchen muslimischen Staaten wie in Saudi-Arabien oder Iran einen solchen Schleier tragen. Männer, die mit ihnen nicht verwandt sind, dürfen sich ihnen nicht nähern. Eine Sitten- oder Religionspolizei achtet auf die Einhaltung dieser Gesetze im öffentlichen Leben.

islamischen Gesellschaft eingeführt, um die Frau zunehmend aus der Gesellschaft auszuschließen. Das Gebot bestimmt, dass Musliminnen außerhalb des Hauses und in Gegenwart von fremden Männern einen Schleier tragen müssen, sobald sie die Geschlechtsreife erreichen. In einigen Ländern müssen sich Frauen bis heute mit einem Ganzkörperschleier verhüllen.

■ Essen und Trinken

Nach islamischem Recht ist Muslimen der Genuss von Schweinefleisch strikt untersagt. Mehrere Suren des Korans behandeln das Thema. Als Ursache wird heute angenommen, dass Schweinefleisch bei den Temperaturen Arabiens schnell verdarb und Vergiftungen hervorrufen konnte. Gott vergibt aber den Gläubigen, die Schweinefleisch ohne Wissen verzehren. Beim Essen darf nur mit der rechten Hand zugegriffen werden, da die linke Hand der Körperreinigung dient.

Alkohol dürfen Muslime ebenfalls nicht trinken, ansonsten drohen ihnen Körperstrafen. Allerdings stützt sich das Verbot auf eine Sure des Korans, wo nur der Genuss von Wein verboten wird, da es diesen erst zur Belohnung im Paradies geben soll. Was nun als Wein gilt, ist Auslegungssache.

■ Islamische Feste, Feier- und Gedenktage

Der islamische Kalender ist nach dem Mond ausgerichtet. Hinter dem Sonnenkalender bleibt er jährlich etwa elf Tage zurück. Dadurch wandern die Monate durch die Jahreszeiten. Ein derartiger Zyklus dauert 32,5 Jahre. Der erste Monat des Kalenders heißt Muharram, der letzte Dhu a-Hidscha. Hier wird die Hajj, die Pilgerfahrt, unternommen. Der neunte Monat Ramadan dient der Fastenzeit. Deren Ende zeigt das Fest des Fastenbrechens an, dem drei bis vier Tage anhaltenden Id a-Fitr am 1. des Folgemonats Schawwal, das auch als großes Familienfest gefeiert wird. Der zweite große Festtag, der Id al-Adha, gibt den Zeitpunkt der Hajj vor. Am zehnten Tag des Monats wird das Opferfest gefeiert als Teil der Pilgerfahrt.

Am zwölften Tag des dritten Monats des islamischen Jahres findet der Geburtstag des Propheten, der Mevlid Kandili oder auch Maulid, statt. Er wird seit dem 12. Jahrhundert gefeiert und ist in einigen Ländern auch Feiertag. Bei Maulidfeiern werden Gedichte über Mohammed zitiert.

Hinduismus

Hinduismus

Fast eine Milliarde Menschen bekennen sich zum Hinduismus. Allein in Indien sind dies 550 Millionen Anhänger, die sich nach dem „Sanatana Dharma" richten, dem „ewigen Gesetz", wie sie selbst ihr religiöses und philosophisches System nennen. Wie in keiner anderen Religion stehen im Hinduismus die unterschiedlichsten Strömungen, Auffassungen und Wege zum Heil nebeneinander. Gemein ist allen Hindus auf dieser Welt, dass sie an das Vergeltungsprinzip des Karma und an die Wiedergeburt glauben. Das Pantheon mit seinen zahlreichen Göttinnen und Göttern soll den Gläubigen helfen, die Erlösung zu finden.

Nach dem Christentum und dem Islam ist der Hinduismus die drittgrößte Religion. Der Anteil ihrer Anhänger, der Hindus, an der Weltbevölkerung beträgt ca. 15 Prozent. Die meisten Hindus wohnen in Indien, wo sie ca. 80 Prozent der Bevölkerung ausmachen. Auch in den benachbarten Ländern Nepal, Bhutan und Bangladesch gehört der überwiegende Teil der Bevölkerung dem Hinduismus an. Außerhalb Asiens ist vor allem im ostafrikanischen Mauritius mit knapp 50 Prozent ein hoher Anteil an Hindus zu verzeichnen.

Die Silbe OUM oder AUM ist die heilige Silbe des Hinduismus. Sie ist dreigeteilt und verdeutlicht die körperliche, geistige und unbewusste Welt. Der darüber gesetzte Punkt steht für das höchste Bewusstsein.

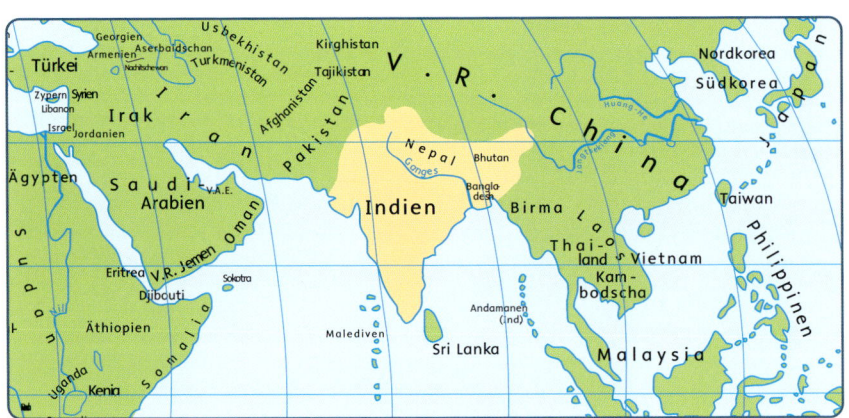

Über eine Milliarde Menschen (Verbreitung in der Karte gelb eingefärbt) hängen den verschiedenen Strömungen des Sanatana Dharma an, mehr als die Hälfte davon leben in Indien.

„Für die Seele gibt es weder
Geburt noch Tod ... Sie ist ungeboren,
ewig, immerwährend und unsterblich. "

Bhagavad-Gita

Mit rituellen Waschungen *im heiligen Fluss Ganges wollen jedes Jahr Millionen Pilger ihr Karma in den Fluten reinigen.*

Was ist Hinduismus?

Der Hinduismus ist eine der ältesten Weltreligionen und wird bis heute aktiv praktiziert. Der Name leitet sich aus der Bezeichnung der muslimischen Eroberer ab, die alle nichtmuslimischen Inder auf dem Subkontinent Hindu nannten, abgewandelt nach der Stammform des Flusses Indus (Sidhu). Auch im westlichen Sprachgebrauch setzte sich der Name durch, ist aber eigentlich eine Sammelbezeichnung für die indischen religiösen Strömungen, die sich in ihrem Weltbild zum Teil stark voneinander

Was bedeutet ...

Atman	Teil des absoluten Brahman im Menschen	**Moksha**	Befreiung, Erlösung
Avatara	herabgestiegener, inkarnierter Gott	**Nirwana**	das Verlöschen, Zustand der Befreiung und Erleuchtung
Brahma	Gottheit, Schöpfer des Universums	**Paria**	kastenlose Menschen, gelten als „unrein"
Brahman	das Absolute, die eigenschaftslose, nicht-duale Wirklichkeit	**Parvati**	Shakti (Gemahlin) Shivas
		Samsara	Wanderung, Kreislauf aus Geburt, Leben, Tod und Wiedergeburt
Brahmane	geistlicher und religiöser Führer, Angehöriger der höchsten Kaste	**Shakti**	Kraft und Energie, der weibliche Aspekt der göttlichen Wesensheit
Brahma-nismus	Hinduismus, auf den geistlichen Führer ausgerichtet		
Dharma	Gesetz des Universums	**Shiva**	Gottheit, hält als Zerstörer die Zyklen in Gang
Ganesha	elefantenköpfiger Gott der Weisheit	**Shudras**	vierte Kaste der „Dienenden"
Ishta Deva	Aspekt des Absoluten, persönliche Gottheit	**Vaishyas**	dritthöchste Kaste der Gewerbe-, Ackerbau- und Viehzuchttreibenden
Karma	Tat und Summe aller Taten sowie deren Konsequenz		
Kaste	Standessystem	**Vishnu**	Gottheit, Erhalter des Dharma
Kshatriyas	zweithöchste Kaste der Krieger und Adeligen	**Yoga**	zur Erlösung führendes System aus Bewegungen und Handeln
Maya	die Illusion, die sich mit Brahman zum Ishta Deva verbindet		

An der Fassade dieses Tempels sind die farbenprächtigen Darstellungen der Göttinnen und Götter, die den hinduistischen Pantheon bevölkern, vereint.

unterscheiden. Ihre Gemeinsamkeit sehen die Gläubigen darin, dass sie dem „Sanatana Dharma", dem ewigen Gesetz, verpflichtet sind, das sich auf die Ordnung der Welt und damit das Kastensystem stützt. Die Zugehörigkeit zum Sanatana Dharma wird durch die Geburt und nicht durch den Glauben oder die Bekehrung bestimmt. Er ist an die Volkszugehörigkeit gebunden und somit eine Volksreligion.

Der Hinduismus besitzt kein festes Dogma. Aufgrund seiner historischen Entwicklung ist er eine gewachsene, vielschichtige Sammlung verschiedener Strömungen, die sich in ihrer Gemeinsamkeit zum Dharma bekennen, aber über kein einheitliches Glaubensbekenntnis verfügen.

Hinduisten denken zyklisch, was bedeutet, dass sie nicht an einen Weltenanfang oder an ein Ende glauben. In ihrem Weltverständnis löst eine Periode die andere ab. Hierin eingebettet ist die menschliche Existenz im Kreislauf der Wiedergeburten, den das Karma bestimmt. Das „Weltengesetz" bildet den Grundstein der hinduistischen Religion. Die Ausprägungen sind verschieden. Verbreitet ist die Ansicht, dass das Selbst aus dem Brahman,

dem Absoluten, hervorgegangen ist. Die Trennung von ihm will der Mensch überwinden und sucht nach Heilswegen.

Zur Seite stehen ihm dabei die Götter, die ihn auf diesem Weg unterstützen. Die Erlösung kann der Gläubige durch die geistige Einsicht in die Welt mit Askese oder Yoga oder der hingebungsvollen Verehrung und leidenschaftlichen Anbetung eines oder mehrerer Götter aus dem Pantheon finden. Sie sollen den Menschen aus dem Samsara, dem immer wiederkehrenden Wandern zwischen den Welten, erretten.

◼ Keine Religionsstifter

Da die indischen Religionen nicht von einem einzelnen Menschen begründet wurden, gibt es auch keinen eigentlichen Stifter. Im Laufe der mehr als fünftausend Jahre alten Geschichte bildeten sich verschiedene Schulen, religiöse Strömungen und Tendenzen heraus, die sich mit dem Volksglauben und anderen Religionen vermischten. Bis heute gibt es kein einheitliches Glaubensbekenntnis und keine übergeordnete Autorität. Wohl sehen die Gläubigen die Veden als den ihnen offenbarten Kanon an. Die zahlreichen nachfolgenden Schriften erfreuen sich aber noch größerer Popularität.

Kein Mensch, der nicht von Geburt aus Inder und Hindu ist, kann in den Hinduismus übertreten. Der Hinduismus gilt als die Urreligion, andere Weltreligionen als dessen Abspaltungen oder abgespaltene Systeme, die sich mehr oder weniger auf dem Weg zurück zum Hinduismus befinden. Werden also Stämme, Gruppen oder Landstriche „missioniert", wie in der Geschichte vorgekommen, so dürfen diese als Ganze wieder eintreten: Diese Sippe, die sich in den vergangenen Jahrhunderten vom Hinduismus entfernt hatte, gehört fortan wieder zum Sanatana Dharma. Sie hat zu ihm zurückgefunden. Der einzelne Übertritt einer Person ist aufgrund des Kastensystems jedoch nicht möglich.

Mahatma Gandhi

„Große Seele" bedeutet der Ehrentitel Mahatma, den in Indien nur Menschen mit großem Geist und Herzen verliehen bekommen. Mohandas Karamchand Gandhi war einer von ihnen. 1869 in Neu-Delhi in die Kaste der Vaishyas geboren, studierte er ab 1888 Jura in England. In Südafrika sammelte er anschließend politische Erfahrungen, als er von 1893 bis 1914 den Widerstand der indischen Einwanderer gegen die Diskriminierung organisierte. Mit seiner Rückkehr nach Indien leitete Ghandi ab 1914 den indischen Nationalkongress im Kampf gegen die britischen Besatzer. In zwei Kampagnen des „zivilen Ungehorsams", 1920 bis 1922 und 1930 bis 1932, rief er zur Nichtbeteiligung an der Verwaltung und zum gewaltlosen Boykott auf. Auch setzte er sich für die Abschaffung der Kasten ein und nannte die

„Unberührbaren" Harijans, Kinder Gottes. Während seines Kampfes, aber auch im Gefängnis lebte Mahatma Gandhi streng asketisch und mit einem tief religiösen Verständnis von der Welt. 1948 wurde er in Neu-Delhi von einem fanatischen Hindu ermordet.

Hinduistische Geschichte

In der hinduistischen Religion laufen heute zahlreiche Strömungen nebeneinander her, die zum Teil gravierend andere Weltbilder verfolgen. Den hinduistischen Pantheon beeinflussten auch die vorherigen Religionen, die im Gebiet des Subkontinents verbreitet waren. Bereits 3000 v. Chr. blühte die Induskultur.

Vor etwa 3500 Jahren kamen von Nordwesten die Arier in das Land und brachten auch ihre Götter mit.

Von den alten Gottheiten sind heute noch einige aktiv, wie Indra, der lange als der König der Götter galt und den Regen spenden konnte, oder Agni, der Feuergott. Mit den räuberisch ausgerichteten Ariern entwickelte sich das Kastensystem und das Patriarchat, die Frau wurde an die dienende Seite des Mannes verbannt.

Die Brahmanen galten nun als diejenigen, die allein die Macht besaßen, die Gottheiten zum Opfer einzuladen. Mit diesem Vorrecht festigten sie ihre Herrschaft und stiegen zur obersten Kaste auf. Mit dem Brahmanismus verdrängten sie andere philosophische Systeme und setzten den brahmatisch geprägten Hinduismus durch.

Etwa 600 v. Chr. bildeten sich in Indien der Buddhismus und Jainismus als Reformbewegungen zur Übermacht der Brahmanen und zum hinduistischen Pantheon heraus. Beide Religionen hatten in den nachfolgenden Jahrhunderten ihre Blütezeit. Das buddhistische Indien erlebte im „goldenen Zeitalter" der Gupta-Dynastie (320–480 n. Chr.) eine Hochkultur mit Reichtum, einer entwickelten Wissenschaft und Kunst.

Später gingen beide Religionen in Indien mit dem Erstarken des Brahmanentums wieder zurück und erloschen dort fast gänzlich ab dem 13. Jahrhundert. Die Einflüsse auf den Hinduismus sind jedoch nachhaltig.

Geschichtsdaten

3000 v. Chr.	Die Induskultur erblüht.
1500 v. Chr.	Arier erobern Nordindien.
um 1000 v. Chr.	Die Veden werden schriftlich fixiert.
800–500 v. Chr.	Die Upanishaden werden niedergeschrieben.
272 v. Chr.	Ashoka besteigt den Thron.
100 v. Chr.	Bhagavad-Gita wird zusammengestellt.
200 n. Chr.	Manus Gesetze werden fixiert.
500	Der Tantrismus erblüht.
800	Der Philosoph Shankara schreibt Advaita Vedanta, das Werk zum nicht-dualistischen Weltverständnis.
1206	islamisches Sultanat in Delhi
1450–1547	Lebenszeit der bhaktischen Dichterin Mira
1483–1530	Barbur regiert das Moguln-Reich.
1498	Vasco da Gama landet in Calicut (heute Kozhikode).
1518	Kabir stirbt.
1556–1605	Mogul-Herrscher Akbar regiert.
1757	Briten erobern Kalkutta.
1765	Britische Ostindische Handelskompanie erhält vom Großmogul die Finanzhoheit über Bengalen.
1857	Moguln-Herrschaft wird von Briten aufgehoben.
1869	Mahatma Gandhi wird geboren.
1885	Der Indische Nationalkongress mit dem Ziel der politischen Selbstbestimmung gründet sich.
1914	Shri Aurobindo gründet den ersten Ashram.
1920	Mahatma Gandhi beginnt Kampagne des zivilen Ungehorsams gegen die Briten mithilfe der Muslime.
1930–1932	Zweite Kampagne des zivilen Ungehorsams ohne die Muslime
1947	Indien wird unabhängig, Pakistan entsteht.
1948	Gandhi wird ermordet.
1966	Die internationale Gesellschaft für Krishna-Bewusstsein wird in New York gegründet (Hare-Krishna-Bewegung).
1984	Ministerpräsidentin Indira Gandhi wird von radikalen Sikhs ermordet.
1991	Ministerpräsident Rajiv Gandhi wird ermordet.

Mit neohinduistischen Strömungen gründeten sich neue Schulen in Indien, kamen nach Amerika, beeinflussten die New-Age-Bewegung und breiteten sich in der Welt aus. Beispiele sind die Transzendentale Meditation, die Hare-Krishna-Bewegung (ISKCON – Internationale Gesellschaft für Krishna-Bewusstsein), die Ramakrishna-Mission oder auch Ashrams zahlreicher Gurus, die ebenfalls im Internet auftreten.

Ab dem 8. Jahrhundert musste sich das Brahmanentum zunehmend der islamischen Vorherrschaft beugen. Im 16. Jahrhundert fiel ein großer Teil des nördlichen Indiens unter die Führung der muslimischen Moguln, die schließlich ein islamisches Großreich ausriefen und ein Leben nach den Regeln des Koran durchsetzen wollten. Dies änderte sich erst mit dem Einfluss der europäischen Mächte, vor allem seit der Besetzung durch Großbritannien. Von dieser konnte sich Indien erst nach Gandhis Kampagnen des zivilen Ungehorsams, zu Beginn auch mithilfe der muslimischen Khilafat-Bewegung, befreien. Pakistan als selbstständiger muslimischer Staat entstand. Bangladesh spaltete sich ab. Heute sind in Indien weite Landstriche im Norden muslimisch geprägt, Buddhismus und Jainismus dagegen nur in wenigen Gebieten verbreitet. Der größte Teil der Bevölkerung, etwa 80 Prozent, gehören dem Hinduismus an. Aber auch in Bali, Südafrika, Großbritannien, Nordamerika und Surinam leben Millionen Hindus.

Hinduistische Schriften

Obwohl der Hinduismus nicht auf einen Stifter zurückgeht, besitzt er dennoch mit den Veden einen verbindlichen Kanon.

Die vier Veden, die Hauptschriften des Hinduismus, gelten als Offenbarungen.

Auszüge aus den Epen sind in die Tempelverzierungen des im 13. Jahrhundert erbauten Vishnutempels im indischen Somnathpur eingearbeitet, sodass sie beim Umschreiten wie ein Buch zu lesen sind.

Jede Schule beruft sich jedoch auf einen anderen Ursprung. Demnach verkündete einst ein Weltenherrscher die Texte. Andere sehen sie als einen seit jeher existierenden Stoff an, der über die Zeitalter neu kundgetan wurde. Sieben Lehrer, die sogenannten Rishis, sollen einst die Veden empfangen haben. Die Texte wurden dann mündlich überliefert, mussten aber in Wort und Betonung stimmen. Zahlreiche Ergänzungen durch nachfolgende Lehrer gelten als ebenbürtig, auch spätere Lehrtexte und Sammlungen.

■ Die Veden

Die vier Veden nehmen einen beträchtlichen Umfang ein. Sie sind in einem älteren Sanskrit geschrieben und damit bis heute nicht frei von

„Tat Tvam Asi – Das bist du!"

Das Absolute und die absolute Wirklichkeit, Brahman, ist für den Menschen nicht nachvollziehbar, da es nicht wie in den westlichen Religionen als dualistischer, mit Eigenschaften besetzter Gott personifiziert wird. Auch kann es der Mensch mit dem Verstand nicht erfassen, da er in einer relativen Welt lebt. Hier schafft er sich in den Göttern Spiegelungen des Absoluten. Atman ist ebenfalls Teil des Absoluten, das im Menschen vorhanden ist, aber nur bedingt mit der christlichen Seele vergleichbar. Nach dem Tod geht es nicht zu Gott, sondern kehrt zu Brahman zurück. Heilige Schriften wie die Upanishaden versuchen den Begriff zu erläutern. So steht am Ende bestimmter Lehrbeispiele einer der Kernsätze der Upanishaden: „Das (Brahman) bist du (Atman)!"

„Kleiner als das Kleinste,
größer als das Größte
ruht Atman in den Herzen der Kreatur."

Kathaka Upanishad

Als Krishna den Gott Indra beleidigt, sendet dieser einen starken Regen. Doch Krishna hebt den Berg Govardhana an und benutzt ihn als Schirm, um die Hirten zu schützen. Nun erkennen ihn die Hirten und selbst Indra als einen Gott an.

Übersetzungsfehlern oder Interpretationen. Veda heißt „Wissen" oder „Lehre". Zu den Veden gehören die Rigveda (Veda der Verse), Samaveda (Veda der Lieder), Yajurveda (Veda der Opfersprüche) und Atharvaveda (Veda des Atharvan, eines mystischen Priesters, Zauberlieder).

Die **Rigveda** besteht aus zehn Liederkreisen mit über tausend Hymnen und zehntausend Versen. Sie wurde zwischen dem 12. und 8. Jahrhundert vor der christlichen Zeitrechnung niedergeschrieben, die mündliche Überlieferung dürfte noch einige Jahrhunderte vorher begonnen haben. Sie befasst sich mit den Themen der Weltentstehung, dem Tod und den Ritualen und personifiziert das Göttliche.

Die **Samaveda**, die Veda der Lieder, ist vertont und besteht aus über 1500 Versen, von denen die meisten inhaltlich an die Rigveda anschließen. Die gesungenen Gebete sind allerdings im älteren Sanskrit verfasst und damit für viele unverständlich. Sie werden aber noch heute praktiziert. Bei speziellen Opferhandlungen singt einer der Hauptpriester aus der Samaveda.

Die **Yajurveda** als Veda der Opfersprüche wurde vor allem bei Opferhandlungen gesprochen. Der älteste schwarze Yajurveda entstand bereits 1000 Jahre vor der Zeitrechnung, der weiße viel später. Neben den Opfersprüchen finden sich Mantras, die während der Riten gemurmelt wurden, ebenso genaue Anleitungen für zeremonielle Vorgänge, Verse über das menschliche Denken und Handeln, das Erkennen und das Bewusstsein.

Die **Atharvaveda** ist die Veda der Zaubersprüche und die jüngste vedische Schrift. Auch hier finden sich Anleitungen für kultische Handlungen, die allerdings stark im mystischen Volksglauben wurzeln. Neben Sprüchen für bestimmte Zeremonien aus dem täglichen Leben wie Hochzeit oder Begräbnis sind hier Sprüche über medizinische, metaphysische und magische Beschwörungen oder Verfluchungen verzeichnet.

Die Upanishaden

Als kanonisch verbindliche Texte nehmen die Upanishaden eine bedeutende Rolle im religiösen Leben ein. Sie gelten als geheime Lehre mit philosophischen Schlussfolgerungen und sind in die Veden eingebettet. Die Upanishaden beschreiben unter anderem Atman und beschäftigen sich mit der Suche nach der spirituellen Wahrheit, der Analyse des Bewusstseins und der Erkenntnis.

■ Shruti und Smriti

Die hinduistischen Schriften teilen sich in zwei Hauptzweige: in die verbindlichen Schriften mit kanonischem Charakter, die Shruti, und die heiligen Texte, die Smriti. Die Smriti mit ihren Erinnerungen und Überlieferungen erzählen zahlreiche Epen wie das Mahabharta oder das Bhagavad-Gita.

Zu den Shruti gehören die Veden, ebenso die aus den Veden gesammelten Sambhitas mit Opfersprüchen und Liedern. Verbindlich sind auch die Erklärungen zu den Dedas, die Brahmanas, und die Upanishaden. Bestimmte Sutren, die einige Passagen noch einmal leicht verständlich zusammenfassen, können ebenfalls zu den Shruti gezählt werden.

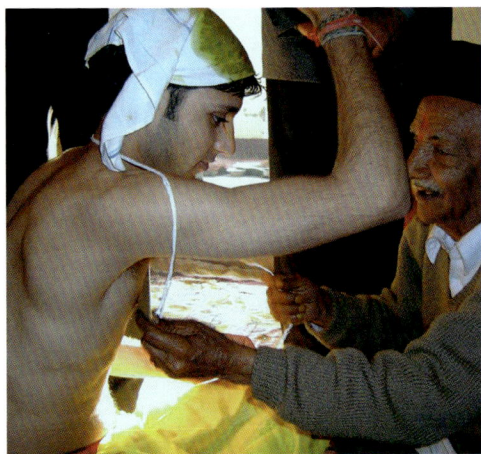

Die heilige Schnur ist ein Kennzeichen der Brahmanen. Mit der Zeremonie der heiligen Schnur erhielten sie in der Jugend die Erlaubnis, fortan die vedischen Schriften studieren und lehren zu dürfen.

Ramayana und Bhagavad-Gita

Die bekanntesten Epen, die Heldentaten der inkarnierten Götter beschreiben, bilden nicht nur große Lehrstücke der religiösen Schriften, sondern können durchaus zum Volksgut gerechnet werden. Im Ramayana kämpft Rama, der Avatara Vishnus, gegen das dämonische Prinzip, das als Dämonenkönig Ravana inkarnierte.

In der Bhagavad-Gita spielt ein anderer Avatara Vishnus, Krishna, eine bedeutende Rolle. Er belehrt als Wagenlenker in berühmten Reden seinen Herrn, den König Arjuna. Die Verse haben Lehrcharakter, verdeutlichen einen vorbildhaften Guru und weisen den Weg über das Verständnis der Welt hin zum Absoluten, indem der Mensch die Welt als vorübergehend sieht und allen Eindrücken gegenüber standhaft bleibt.

Mit dem Besuch des Tempels sammeln Hindus gutes Karma, das für die nächste Reinkarnation ausschlaggebend ist. Der rote Opferpunkt wird vom Tempelpriester nach der Opfergabe auf die Stirn gesetzt.

Karma, Tod und Wiedergeburt

Karma und die Seelenwanderung sind in allen indischen Religionen zentrale Themen. Hindus glauben an den zyklischen Weltverlauf, nichts hat einen Anfang oder ein Ende. Antrieb des Kreislaufs ist das Karma, alle Taten, die ein Mensch begeht. Sie bedingen seine Wiedergeburt. Denn das Karma, das der Mensch in seinen vorherigen Leben angesammelt hat, bewirkt einen Vergeltungsmechanismus. Es kann als eine Ansammlung verschiedener Energien gesehen werden, die nach harmonischer Auflösung suchen. Dieses Karma erzeugt die Wiedergeburt als physischer Mensch. Je nach der „Liste" der guten Taten und Verdienste kann dieser einige Zeit in einem paradiesähnlichen Himmel zubringen, ehe er wiedergeboren wird. In welchem Leben er sich wiederfindet, hängt ebenfalls vom gesammelten Karma ab. Der wiedergeborene Mensch besitzt neben der Fähigkeit, sein Karma abzubauen, auch Atman, eine Art Seele als Teil des absoluten Brahman. Nutzt der Mensch seine Fähigkeiten und lebt nach dem Dharma, kann er den Kreislauf der Wiedergeburten durchbrechen und in das Brahman-Nirwana eingehen, den unbeschreiblichen Zustand des Absoluten, der aber nicht mit dem christlichen Himmel zu vergleichen ist.

„Wie einer handelt,
wie einer wandelt,
ein solcher wird er.
Wer gut handelt, der wird Gutes,
wer böse handelt, etwas Böses!"

Upanishad

Das Bindi, ein Mal auf der Stirn, gilt im Hinduismus als „drittes Auge" und ist zugleich Meditationspunkt.

Grundlagen des Glaubens

„Brahmanen, Kshatriyas, Vaishyas und Shudras unterscheiden sich durch die Eigenschaften ihres Handelns, die in Beziehung zu den Erscheinungsweisen der materiellen Natur stehen."

Bhagavad-Gita

Hindus glauben, dass die Abläufe in der Welt nach einem strengen Ordnungsprinzip funktionieren. Der Kosmos ist nach einem fest umrissenen System aufgebaut, in dem die Lebewesen bestimmten Klassen zuzuordnen sind.

Ganz unten auf der Leiter stehen die Pflanzen, ganz oben diejenigen Menschen, die ein reines Leben in sittlich-moralischer und physischer Hinsicht führen.

Dazu zählen vor allem die Brahmanen oder Geistlichen, die den Göttern damit nahe kommen wollen, indem sie mit Ritualen und Geboten ihre „Verunreinigung" vermeiden wollen. Die Reinheit und die Einteilung in reine und unreine Dinge spielt eine zentrale Rolle und findet ihren Ausdruck im Kastensystem. Der pragmatische

Die *kaum technisierte Arbeit* in der Landwirtschaft ist bis heute in Indien auf Handarbeit ausgerichtet und noch immer den einst Niederkastigen vorbehalten.

Zweck dieser Ordnung ist der, dass jeder Mensch bestimmte Pflichten und Lebensaufgaben hat, die er aus seiner Kaste ersieht. Ein Vermischen würde dieses System und damit die Verpflichtungen aufheben. Die Geburt ist deshalb verbindlich und vom Menschen selbst herbeigeführt, da sie aus dessen Karma resultiert, also aus der energetischen Sammlung seiner guten und schlechten Taten in den vergangenen Leben, die sich in der menschlichen Existenz manifestiert.

Himmel und Hölle

Im Hunduismus gibt es zwar Himmel und Hölle, sie haben aber nichts mit der christlichen Vorstellung gemein. Nach der Schöpfungslegende leben unter dem Berg Meru in den unterirdischen Höllen die Dämonen und bösen Geister, in den Himmeln die guten Geister und Götter.

Nach seinem Tod geht der Mensch weder in den Himmel noch in die Hölle ein. Der physische Körper löst sich auf und Atman kehrt zu Brahman zurück.

Die gesammelte Energie auf der Erde bewirkt die Wiedergeburt. Wie viel Zeit bis zur Wiedergeburt verstreicht, ist nicht bestimmt. Ziel der Gläubigen ist es, nach dem Dharma zu leben, um aus dem Kreislauf treten zu können. Hat sich eine Seele befreit, geben die verschiedenen Schulen unterschiedliche Aufenthaltsorte an. So kann sie auch je nach Glaubensrichtung in Shivas oder Vishnus Reich eingehen.

Neben Atem- und Meditationstechniken sollen eine Vielzahl an Positionen (Asanas) im Yoga den Geist beruhigen und den Körper perfekt beherrschen lernen. Damit kann der Mensch reines Bewusstsein erreichen.

Die Lebensziele und Heilswege

Hinduisten sehen sich im Wesenskreislauf Samsara gefangen. Erst der Eintritt in das Brahman-Nirwana befreit sie aus dem Kreislauf der Wiedergeburten. Ziel ist es, Moksha, die Befreiung, zu erlangen, um alles Karma auszulöschen und damit den Kreislauf aufzulösen. Den Heilsweg suchen die einzelnen Schulen und Sekten in unterschiedlichen Pfaden, die die großen religiösen Strömungen innerhalb des Hinduismus hervorbrachten.

Die Bhagavad-Gita erzählt von drei Wegen zur Erlösung: dem Weg der selbstlosen Tat, dem philosophischen Weg der Erkenntnis und dem Weg der Hingabe an Gott.

Im Volk ist vor allem die Ansicht verbreitet, in der absoluten Hinwendung (Bhakti) und dem Glauben an einen Gott die Erlösung zu finden.

Zur Befreiung führt auch der Weg der Askese, bei der ein Asket mit der Entsagung bis hin zur Selbstkasteiung die Leiden des Lebens überwinden lernen soll. Ebenso rettend scheint der Weg des Yoga, der mit geistiger und körperlicher Konzentration und Meditation die Loslösung von Begierde, Reichtum und Macht ermöglicht. Mit dem Sammeln von Verdiensten (Punya), zu denen zahlreiche Riten, das Einhalten bestimmter Abläufe und Handlungen oder das Aufsagen von Mantras und Gebeten gehören, sehen viele Gläubige ihren Weg, die Liste der guten Taten aufzufüllen, die für das Karma verantwortlich ist.

Einen weiteren Heilsweg lehren die Upanishaden. Durch ihr Studium gelangen die Anhänger zu höchstem Wissen und zur Einsicht in die Unsterblichkeit (Amrta). Damit löschen sie ihr Karma aus und treten aus dem Kreislauf der Wiedergeburt heraus.

Kastensystem – gestern und heute

Die Rangordnung der einzelnen Individuen ist im Hinduismus genau festgelegt. Jedem Lebewesen ordnet das Weltengesetz durch die Geburt seinen Platz zu.

Von der Blume über die Tiere bis zum Menschen, der sich wiederum in zahlreichen Kasten gruppiert, ist die Einordnung das Resultat der vorangegangenen Taten.

Hindus gliedern sich in vier große Kasten: An der Spitze stehen die Brahmanen, die ihr Leben nach religiösen Grundsätzen ausgerichtet haben, das vor Verschmutzungen aller Art geschützt ist. Ihnen folgen die Krieger und Adligen, die in der Kaste der Kshatriyas zusammengefasst werden. Sie schützen die Gesellschaft und erhalten die Ordnung. Da sie sich nicht allein mit geistigen, sondern auch mit körperlichen Dingen beschäftigen, sind sie den Brahmanen nachgeordnet. An dritter Stelle stehen die Vaishyas, die Kaste der Kaufleute sowie der Ackerbau- und Viehzuchttreibenden.

Diesen drei oberen Kasten steht das Studium der Veden offen, allen anderen Menschen ist es verwehrt. Dazu gehört die Kaste der Dienenden, die Shudras, die bestimmte handwerkliche Tätigkeiten ausüben. Als kastenlos, manchmal auch als unterste Kaste werden die Pancamas bezeichnet, zu denen die so genannten Unberührbaren zählen, die Parias oder Asprishyas. Diese Kasten gliedern sich untereinander in zahlreiche weitere Stände auf, die sich vor allem durch den Grad ihrer Reinheit unterscheiden und somit hunderte Unterkasten hervorbringen. Gradmesser sind neben der Geburt auch Beruf, Ausübung bestimmter Tätigkeiten, Wohnort und zahlreiche andere Dinge.

Der Ausschluss aus einer Kaste bedeutete früher den totalen sozialen Verlust und die Ausstoßung aus der Gesellschaft.

Die Parias, die als Kastenlose als absolut unberührbar gelten, wurden verachtet und körperlich gemieden. Sie durften auch keinen Tempel betreten, da sie diesen sonst verunreinigen würden.

Die Kasten achten neben vielen anderen Merkmalen vor allem auf drei Dinge: Essen, Heiraten und die Berufsausübung. Im täglichen Leben äußert sich dies dadurch, dass Menschen aus niedrigeren Kasten mit Höherkastigen essen oder dass Frauen Höherkastige heiraten wollen. Demgegenüber sind die Regeln durchaus flexibel, aber bestimmte Verstöße gelten als Verunreinigungen und ziehen die soziale Degradierung nach sich.

Einige Heilige, Asketen oder Wandermönche gehören zwar zu den Kastenlosen, unterliegen aber nicht diesen besonderen Verboten. Nach manchen Schulen ist die Rangordnung des Kastensystems nicht identisch mit der Rangordnung auf dem Weg zum Nirwana. So kann ein Gläubiger, der bereits kurz vor der Erlösung

Auch die Tempelanlage von Angkor Wat in Kambodscha ist dem goldenen Berg Meru nachempfunden.

Der Vishnu-Tempel der Hoysalas entstand 1268 in Südindien. Er ist wie die meisten Sakralanlagen dem Berg Meru nachempfunden, dem mythischen Zentrum des Universums. Dieser Tempel ist im Stil eines Trikutachala, eines Hügels mit drei Gipfeln auf einem sternförmigen Sockel, erbaut. Unter jedem Turm, der hintere ist hier verdeckt, befindet sich ein Schrein mit der Statue einer Inkarnation Vishnus.

steht, durchaus in seinem letzten Leben in einer niedrigeren Kaste wiedergeboren werden, um dort das letzte vorhandene Karma aufzulösen, was er nur an dieser Stelle kann.

Heute ist das Kastenwesen in der indischen Verfassung abgeschafft. Im Volk ist es jedoch nach wie vor lebendig.

Die religiösen Wurzeln und das Denken in entsprechenden Kategorien lassen sich nicht so leicht abschaffen, zudem der Glaube seit Jahrtausenden tief verwurzelt ist. In eine Kaste geboren worden zu sein, sehen indische Menschen als Selbstverständlichkeit, sozialen Halt und auch Sicherheit an.

▪ Die Schöpfung

In den meisten hinduistischen Schulen geht die Weltschöpfung zyklisch nach einem Weltuntergang und einer langen Zeit der Ruhe aus einer Urmaterie (Prakriti) hervor. Die Urmaterie verdichtet sich durch die göttliche Aktion. Zuerst entstehen daraus die Seelen, dann die Elemente und schließlich das Weltenei, das vom Absoluten, von Brahman, durchdrungen ist. Brahman entlässt den Schöpfergott Brahma, der die Welt nach dem Dharma gestaltet und die Seelen entsprechend ihrem Karma inkarniert.

▪ Die Welt und der Mensch

Über der Erdscheibe erhebt sich der mystische Berg Meru, den alle Kontinente und Weltmeere umgeben. Darunter liegen die Unterwelten mit den Dämonen und die Höllen. Über der Erde erheben sich die Oberwelten, die von den Göttern und Geistern bewohnt werden. Eine Hülle umgibt und schützt die Welt wie ein Ei. Viele solcher Welteneier existieren nebeneinander im Raum.

Im Hinduismus besitzen die Lebewesen der Welt eine geistige Seele Jiva oder Atman, die aber nicht mit der Individual-Seele des christlichen Glaubens verwechselt werden darf. Sie ist vielmehr Teil des absoluten Brahman und kehrt nach dem Tod dorthin zurück. Durch die karmischen Energien erfolgt die Wiedergeburt. Das Lebewesen ist also keine historisch einmalige Individualität. Um die Seele aus der Welt und dem Wesenskreislauf zu befreien, muss sie die Welt überwinden. Dies ist ihr nur im menschlichen Dasein möglich. Den Menschen kennzeichnen außerdem mehrere stoffliche und feinstoffliche Körper oder Leiber.

Die Zeitenrechnung

Die Weltengeschichte bewegt sich in einer umfangreichen Zeitspanne. Hindus denken zyklisch, das bedeutet für die Weltenrechnung, dass sich die Welt immer wieder neu erschafft und zerstört.

Kern der Weltzyklen sind vier Perioden, die sich innerhalb eines Weltzeitalters nacheinander ablösen.

Wir leben jetzt in der dunkelsten und letzten Periode, im Kaliyuga, das 432 000 Menschenjahre dauert. Es begann mit dem Tod Krishnas 3102 vor unserer Zeitrechnung und endet mit der erneuten Herabkunft Vishnus als Kalki, um ein neues Zeitalter des Friedens und der Harmonie einzuläuten, das Satayana (1 728 000 Menschenjahre). Ihm folgen Tretayuga (1 296 000 Menschenjahre), Dvararayuga (864 000 Menschenjahre) und schließlich wieder Kaliyuga.

Diese vier Yugas bilden ein Weltenalter, ein Mahayuga. Etwa 1000 dieser Perioden machen ein Kalpa aus, eine Weltperiode, die so lang wie „ein Tag und eine Nacht Brahmas" ist, wobei die Nacht als Ruhephase in Vishnu eingeht, um anschließend wieder in der Schöpfung neu geschaffen zu werden. Jeder Zyklus beginnt mit Frieden und Harmonie und verschlechtert

Die vier Köpfe des Schöpfergottes Brahma schauen in die vier Himmelsrichtungen und ein jeder repräsentiert eine der vier Veden, von denen es heißt, dass sie seinem Kopf entsprangen. In den vier Händen hält er einen Vedatext, ein Weihwassergefäß mit Wasser des Ganges, eine Gebetskette und eine Lotusblüte.

sich in allen moralisch sittlichen Dingen, wobei die Avataras Vishnus als Weltenretter agieren. Die Avataras scheinen in ihren zehn Herabkünften genau den gegensätzlichen Evolutionsweg zu beschreiten, da sie sich vom Tier über Mannlöwe zum Menschen, den heldenhaften und weisen Rama und Krishna über Buddha zum Messias und Erlöser entfalten und damit eine ständige Entwicklung zeigen. Nach 100 Brahmajahren löst sich das Weltenei wieder in der Urmaterie auf, um nach einer langen Zeit der Ruhe in einem weiteren Schöpfungsprozess neu zu entstehen.

Vishnu trägt eine Krone mit Diadem, ein Hüfttuch und eine Girlande aus Waldblüten. In seinen Händen hält er die Keule, das Schneckengehäuse, das beim Hineinblasen die heilige Silbe Oum erklingen lässt, das Rad der Zeit und des Lebens und einen Lotus. Vishnu schickte zehn Avatare in die Welt, um diese vor dem Bösen zu retten. Im Vordergrund gibt er als Krishna dem König Arjuna die moralischen und religiösen Anweisungen.

Der viergesichtige Gott Brahma, hier in einer Darstellung aus dem 13. Jahrhundert, gilt als Teil der Trimurti mit der Rolle des Schöpfers. Einige indische Sekten interpretieren das englische Wort GOD (Gott) mit der Trimurti aus Generator (Schöpfer) Brahma, Organizer (Erhalter) Vishnu und Destroyer (Zerstörer) Shiva.

Göttinnen und Götter

Ishta Deva

Brahman, das Absolute, ist für den menschlichen Verstand nicht fassbar und somit auch nicht ansprechbar. Für den relativen Bereich, der dem Menschen zugänglich und verständlich ist, sucht sich der gläubige Hindu einen Ansprechpartner in einem Ishta Deva.

Dieser verdeutlicht einen Aspekt von Brahman in Form eines persönlich bevorzugten Gottes aus dem Pantheon. Dieser Gott wird als Spiegelungen des Absoluten gesehen. Er setzt sich für den Anhänger aus dem gewählten Aspekt Brahmans und aus Mayas, der Illusion, zusammen – was ihm durchaus bewusst ist. Erst wenn der Gläubige alle Illusion durchschaut hat, erkennt er die Wahrheit.

Brahma – der Schöpfer

In der vedischen Religion hatte Brahma eine besondere Rolle inne, er ist der Standesgott und der Hochgott der Brahmanen. Später stellen sich Vishnu und Shiva ebenbürtig neben ihn. Als Schöpfergott erschuf er das Universum. Dessen Erhaltung überließ er Vishnu. Brahmas Stellung als Schöpfer verdeutlicht seine Symbolik, bei der er mit vier Köpfen dargestellt wird. Jeder Kopf schaut in eine der vier Himmelsrichtungen.

Pantheon des Hinduismus

Vor der arischen Eroberung Nordindiens vor etwa 3500 Jahren lebten die Bewohner des Subkontinents mit einem Götterpantheon, der teilweise in die spätere vedische Religion einfloss. Agni, der Feuergott, ist zwar heute noch ebenso bekannt wie Indra, doch die neuen Hochgötter verdrängten bald die altgedienten.

Brahma, der älteste Gott im Hinduismus und der Standesgott der Brahmanen, stieg während der Gupta-Zeit (320 bis 500) gemeinsam mit Vishnu und Shiva zu den drei Hochgöttern des Hinduismus auf. Innerhalb dieser „Trimurti" (Dreigestalt) ist jedem Gott eine bestimmte Rolle zugewiesen: Brahma gilt als der Schöpfer, Vishnu als der Bewahrer und Shiva als Zerstörer. Die drei Götter treten aber nicht als Trinität auf, sondern können sogar rivalisieren, zumindest konkurrieren deren jeweilige Anhänger untereinander.

Gläubige Hindus wählen sich in der Regel einen der drei als Lieblingsgott heraus, dem dann alle drei Eigenschaften der Trimurti zugeordnet werden, ohne die anderen zu verleugnen. Diese besondere Hingabe an eine Gottheit wird Henotheismus genannt. Daneben finden sich im Hinduismus der Polytheismus, aber auch der Monotheismus, der bei der alleinigen Verehrung Krishnas nach den Lehren der Bhagavad-Gita auftreten kann. Jedem Gott ist eine weibliche Gegenseite in Form einer Gattin zugeordnet. Ein Mann gilt ohne Frau als unvollkommen, denn „es ist einem Vogel nicht möglich, mit nur einem Flügel zu fliegen".

Beide repräsentieren neben den mit Eigenschaften versehenen Personifikationen auch verschiedene energetische Zustände des Absoluten und werden in dieser Form mit Hingabe und Leidenschaft verehrt.

König Rama, eine Inkarnation Vishnus, segnet den Affenkönig Hanuman, der ihn beim Kampf gegen die Dämonenheere unterstützte. Hanuman selbst wird in Indien ebenfalls verehrt.

In seinen vier Händen hält er die vier Veden, die heiligen Offenbarungsschriften.

Brahma wird heute selten direkt verehrt. Ihm sind nur wenige Tempel geweiht, aber in der Regel ist in jedem Shiva- und Vishnutempel ein Bildnis Brahmas an der Wand nach Norden zu finden. Brahmas Gattin ist Saraswati, die Göttin der Gelehrsamkeit und Wissenschaften.

◼ Vishnu – der Bewahrer

Der Weltenbewahrer Vishnu sorgt dafür, dass die Schöpfung und Ordnung bestehen bleibt. Dafür kam er in Gestalt zahlreicher Avataras auf die Erde, um gegen das Böse zu kämpfen. Er ist freundlich und hilfsbereit und damit der Gegenpol zum eher furchtbar erscheinenden Shiva. Die Gläubigen verehren Vishnu in Form einer seiner Avataras vor allem mit völliger Hingabe (Bhakti). Seine Gattin ist Lakshmi, die Göttin des Glücks und der Schönheit sowie des Überflusses. Da sie Geld und Reichtum gewähren kann, wird sie besonders häufig mit Opfergaben bedacht.

Vishnus Avataras

Um die Welt zu schützen, emanierte Gott Vishnu zehnmal. Er erschuf sich also selbst in einer Gestalt, in der er nach der Legende das Böse besiegte.

Zu Beginn stieg er als Tier, später als Mensch auf die Erde. Mehrere Heldenepen beschreiben die Taten der Avataras. Demnach stieg Vishnu herab

1. als Fisch,
2. als Schildkröte,
3. als Eber,
4. als Mannlöwe,
5. als Zwerg,
6. als Rama mit der Axt,
7. als Rama, der Sohn des Königs Dasharatha (die Legende wird im Ramayana-Epos mit 24 000 Doppelversen beschrieben),
8. als Krishna, der am meisten gefeierte Gott des Volkes, Hochgott des Krishnaismus,
9. als Buddha
10. und (in diesem Zeitalter noch kommend) als Kalkin, der Messias.

Rama und Hanuman

Der Ramayana, das Heldenepos über Rama, erfreut sich bis heute großer Beliebtheit. 24 000 Doppelverse erzählen aus dem Leben des Helden. Aufgewachsen als Königssohn muss er wegen Thronstreitigkeiten 14 Jahre im Urwald leben. Dort trifft er mit seiner Familie auf die Dämonen, mit

Die farbenfrohe Statue des Affenkönigs Hanuman an einem Tempel in Bangalore in Indien.

denen sie Kämpfe austragen. Der zehnköpfige Dämonenkönig Ravana raubt Ramas Frau Sita und verschleppt sie auf die Insel Lanka. Mithilfe des Affenkönigs Hanuman versuchen die Helden Sita zu retten. Bei der entscheidenden Schlacht wird das Dämonenheer vernichtet und Sita gerettet. Zehntausend Jahre herrscht Rama, bevor er seine Herrschaft an seine Söhne weitergibt und sich selbst gemeinsam mit den Affen öffentlich im Fluss Sarayu opfert.

Rama steht hier für die Kaste der Krieger und Länderfürsten, die die gesellschaftliche Ordnung aufrechterhalten. Seine Frau Sita verkörpert dazu als Gegenstück die Gewaltlosigkeit.

Krishna – der blauhäutige Held

Krishna ist die achte Verkörperung Vishnus. Die Legende besagt, dass dem bösen König Kansa sein Untergang durch den Sohn eines bestimmten

Als überlebensgroße Statuen umarmen sich Hanuman und Rama auf dem Dach eines Tempels im südindischen Bangalore.

Shiva tanzt auf dem Rücken des Dämonen Apasmara, der die Unwissenheit verkörpert. Sein Tanz ist fruchtbar, zerstört aber gleichzeitig. Shiva ist einer der umstrittensten Götter des hinduistischen Pantheon.

Der fünf Meter hohe und aus einem Granitblock gemeißelte Nandi-Stier aus dem Jahre 1659 nahe Mysore in Südindien wird mit Blumengirlanden und einem kleinen Altar als das Symboltier Shivas verehrt. Wie bei allen heiligen Anlagen müssen die Gläubigen die Schuhe ausziehen, um sich dem Stier in rituellen Handlungen nähern und ihn umrunden zu können.

Ehepaares vorhergesagt wird. Daraufhin lässt er deren Kinder töten. Erst das siebte Kind, Balarama, und das achte, Krishna, werden gerettet. Sie wachsen bei Zieheltern unter Hirten auf. Hier spielt Krishna schon als Jüngling eine magische Flöte, besitzt übermenschliche Kräfte und vollzieht Wunder. Krishna ist in der Ikonographie an der blauschwarzen Haut zu erkennen und deutet vielleicht auf die Zugehörigkeit zu einer anderen ethnischen Gruppe hin.

Als Wagenlenker spricht Krishna das Lehrgedicht „Bhagavad-Gita", das als Upanishade und als eine der Hauptschriften des Hinduismus verehrt wird. Krishna redet hier seinem König vor dessen Kampf Mut zu. Die Unterredung ist jedoch mehr: Sie enthält die wichtigsten Grundgedanken des Hinduismus über die Ethik, Ästhetik, den Kampf gegen das Böse, aber

Durga ist die kriegerische, Dämonen bekämpfende Göttin, ein Aspekt Parvatis. Sie tritt ambivalent auf: als strafende und als gnädige Göttin. Am bekanntesten ist ihr Kampf gegen den Dämonen Mahisha, der die Götter berauben wollte. Durga reitet auf dem Löwen, schwingt ihre mit Waffen bestückten Arme. Der Löwe als Begleittier einer Muttergöttin ist in vielen Mythologien zu finden.

auch die Auflösung der Gewalt. Im Krishnaismus geht die Verehrung so weit, dass Krishna zum Hochgott aufsteigt und Vishnus Stelle einnimmt, damit den hinduistischen Pantheon verlässt und einen Monotheismus auslöst.

■ Shiva – der Zerstörer

Der Hochgott Shiva tritt mit einer ganzen Familie auf, deren Mitgliedern verschiedene Aufgaben und Kräfte zugeordnet werden. Er lebt mit seiner Gattin Parvati und den Söhnen Ganesha und Skanda auf dem Berg Kailasha im tibetischen Himalaya, der auch im Lamaismus verehrt wird. Tritt er als großer Gott auf, wird er Maheshvara genannt, seine Gattin Uma.

Eines der längsten religiösen Gebete ist das **Shiva Sahasranaman**, das auch „die tausend Namen des Shiva" heißt. In einem Wechselgesang werden 1008 Namen, Titel und Bezeichnungen des Gottes angerufen. Nach jeder Strophe folgt der immer gleiche Refrain. Mit der konzentrierten Anrufung erreichen die Anhänger eine Stufe der Versenkung, die den Geist reinigen und das Selbst auflösen soll.

Lakshmi steht Vishnu als Göttin der Schönheit und des Reichtums beiseite. Sie sitzt auf einer voll erblühten Lotusblume. Ihre Aura strahlt Glück, mentale und spirituelle Befriedigung und Wohlstand aus. Selbst Ganesha verehrt sie. In ihrer Hand hält sie zwei Lotusblumen. An Vishnus Seite erschien sie als Gattin Sita des Königs Rama oder als Radha bei Krishna.

Shiva selbst ist äußerlich an bestimmten Merkmalen zu erkennen: Er trägt eine geflochtene Haarkrone, in der die Mondsichel, Schlangen und die Flussgöttin Ganga sitzen, die er mit dem Haar auffing, als sie vom Himmel fiel. Senkrecht auf seiner Stirn steht das Auge der Erkenntnis. In den vier Armen hält der Dreiäugige die Trommel, den Dreizack, die Schlinge und die Keule, manchmal auch Antilope, Axt, Bogen und Schädelstab. Er trägt ein Raubtierfell am Körper, Sandalen an den Füßen und eine Kobra um den Hals.

In der Tradition der Asketen ist sein dunkler Körper mit Asche bestrichen und in den Bildnissen dort heller gefärbt. Sein Symboltier ist der Buckelstier Nandi.

Shivas bekannteste Darstellung ist die als Nataraja, als Gott des Tanzes. Er symbolisiert damit die Welterschaffung und -zerstörung. Shivas Tanz stellt die Fruchtbarkeit dar, der ihn umgebende Feuerring die Zerstörung. Auch tanzt Shiva auf dem Rücken des Gottes der Unwissenheit Apasmara. An seinen Fußgelenken schellen dazu die Glöckchen im Takt.

◻ Parvati – die Muttergöttin

Die ,,Tochter der Berge'', des Himalaya, was Parvati heißt, tritt seit etwa 2000 Jahren in verschiedenen Manifestationen auf: Als Aba oder Ambika ist sie die wohlwollende Göttin, als Kali wild und furchtgebietend.

Die schwarze, vielarmige Kali, die auch ,,Herrin der Zeit'' heißt, gilt nicht nur als bedrohlicher Aspekt der Göttin Parvati, der früher Menschen geopfert wurden, sondern sie gehört zu den Muttergöttinnen. Als diese schließt sie den Kreislauf des Lebens: Während Kali den Tod bringt und symbolisch die Menschen oder Kinder frisst und von ihrer Zunge Blut tropft, schafft sie Platz für neues Leben.

Durga ist die Kriegsgöttin, die, mit zahlreichen Waffen und Armen bestückt, Dämonen bekämpft. Um den Durst Durgas zu stillen, wurden die Altäre während der Kriege mit dem Blut der Gegner übergossen. Ihr Symboltier ist der Löwe.

Als Shakti steht sie für die kreative weibliche Kraft, die den Shaktismus begründete. Parvati ist auch als Uma bekannt, als Gattin des großen Mahadeshvara, wie Shiva in manchen Epen heißt.

■ Ganesha – Herr der Scharen

Ganesha gilt als Sohn der Parvati. Sie allein erschuf den Gott aus Resten ihres Badewassers und ohne Zutun Shivas. Ganesha trug anfangs einen menschlichen Kopf. Als er aber Shiva den Weg zu seiner Gattin versperrte, da er ihn in seinen verstaubten Kleidern nicht erkannte, schlug ihm dieser zornig den Kopf ab. Parvati bat ihren Gemahl, Ganesha wieder zum Leben zu erwecken, woraufhin Shiva den Kopf desjenigen Tieres nahm, das als Nächstes an ihnen vorbeikam: den eines Elefanten. Ganesha gilt als friedlicher Gott mit vielen Kräften. Er ist der Hüter der Wissenschaft und Schrift, wodurch ihn Wissenschaftler, Studenten und auch Schüler anbeten. Vor allem aber kann er jeden Wunsch erfüllen, der an ihn herangetragen wird, denn sein Vater Shiva verlieh ihm dazu die Macht. Als dickbäuchiger, phlegmatischer Gott liebt er das Naschen, weshalb immer eine Schale mit Süßigkeiten neben ihm steht. Er trägt keinen oder nur einen Stoßzahn, mit dem er einst das Epos Mahabharata aufschrieb. Ihm zu Ehren wird vor allem in Südindien das Ganesha-Fest im August/September gefeiert.

■ Karttikeya

Der Kriegsgott Karttikeya ist der Sohn des Shiva und der Parvati. Gemeinsam mit seinen Eltern lebt er im Himalaya. Sein Symboltier ist der Pfau.

Der Elefantengott Ganesha ist auch unter den Namen Ganapati oder Ekadanta populär. Neben ihm ist stets eine Schüssel mit Süßigkeiten zu finden, da er gern nascht. Ganesha ist der Gott der Weisheit und des weltlichen Erfolgs.

Während jedes Dorf auf dem Land einen eigenen Tempel hat, so sind zahlreiche Tempel in den Straßenzügen und Vierteln größerer Städte zu finden, wie hier zu Ehren Lakshmis.

Religiöse Pflichten

Da sich die Taten, das Denken und Handeln eines Menschen in jedem Augenblick auf dieses und alle nachfolgenden Leben auswirken, ist die Trennung und Unterscheidung im Alltag zwischen profan und sakral im Hinduismus weniger verbreitet als in westlichen Glaubenssystemen. Das Leben nach dem Dharma durchzieht das gesamte Handeln und ist deshalb nicht nur Religion, sondern vor allem Lebensart. Die Pflichten ergeben sich aus der Geburt, der Zugehörigkeit zu einer bestimmten Kaste und den Handlungsanleitungen des Dharma. Folglich vollziehen die Gläubigen alles im Hinblick auf das Karma und die Sehnsucht nach Erlösung.

◾ Bhakti – die Hingabe

Bhakti ist die inbrünstige Hingabe eines Anhängers oder einer Anhängerin an einen Gott, mit dessen Hilfe die Erlösung erfolgen kann. Vor allem Krishna, die blauhäutige Inkarnation Vishnus, wird auf diese Weise gern verehrt. Die textliche Grundlage für Bhakti ist die Bhagavad-Gita, die Schrift, die den Weg ungeachtet der sozialen Herkunft der Gläubigen weist. Bhakti bezieht sich auf die Inbrunst eines Menschen und ist sehr emotional. Da sie nicht auf ein esoterisches Geheimwissen gründet, steht sie dem gesamten Volk offen und wird auch gern genutzt. Bhakti sieht ihren Ursprung im Gefühl: Die Gläubigen empfinden die Trennung

Die vier Lebensstadien

Die männlichen Mitglieder der drei oberen Stände der hinduistischen Gesellschaft sind gehalten, im Leben nach den Lehrbüchern des Dharma vier Stadien (Ashrama) zu durchlaufen. Demnach sollte der männliche Hindu seine Jugend als Schüler eines Brahmanen mit dem Studium der Veden verbringen, als Mann einen Hausstand gründen, sich dem materiellen Besitz (Artha) und auch der Sinnenlust (Kama) widmen, anschließend mit seiner Gattin als Waldeinsiedler in einer Einsiedelei (Ashrama) leben und Bücher studieren. Nachdem er alle drei Stadien durchlaufen hat und zu Reife gelangt ist, hofft der Mann als besitzloser Wandermönch am Ende seines Lebens den Weg der Erlösung (Moksha) zu finden.

Ein Hindu beim rituellen Bad im Ganges, dem Ziel der Pilgerfahrt nach Varanasi. Der Ganges gehört zu den sieben großen heiligen Flüssen Indiens. Seine Verkörperung ist die Flussgöttin Ganga.

von Gott als schmerzlich und hoffen, mit vollkommener Hingabe diese Trennung zu überwinden. Bhakti kann sich in verschiedenen Äußerungen zeigen. Als ein Mittel dafür dient gern die Vorstellung, Radha, die Geliebte Krishnas, zu sein, und somit dem Gott emotional näher zu kommen. Die Liebe zwischen Radha und Krishna bekommt mit diesem Hintergrund außerdem eine religiös-mystische Verklärung. Bhakti gründet sich aber auch auf die Barmherzigkeit und das Mitgefühl und eine spirituelle Kraft, die sich auf Atman, das Seeleninnere eines Menschen, stützt.

Mehr als Reinigung – das Bad im Ganges

Der Ganges ist der heilige Fluss der Hindus. Er symbolisiert das ewige Leben. Millionen Hindus tauchen jedes Jahr in seine Fluten, um sich in rituellen Waschungen und Bädern von Fehlverhalten zu reinigen, aber auch Heilung und Erleuchtung zu erhalten.

Am Ufer des Ganges liegt die heilige Stadt Varanasi (Benares). Hier zu sterben wirkt sich karmisch positiv aus. Zahlreiche Verbrennungsstätten mit heiligem Feuer aus dem Tempel sind deshalb dort in Betrieb.

Hausaltar und täglicher Kult

Je nach Kaste, Ort und Glaubensrichtung vollziehen die Gläubigen die täglichen Rituale,

die den Gastriten der vedischen Opferkulte entlehnt sind. Damals standen die Götter dem Priester helfend zur Seite, weshalb das Ritual im Tempel noch immer den Praktiken folgt, eine Gottheit einzuladen.

Brahmanen begrüßen am Morgen den Sonnenaufgang, opfern den Göttern, reichen den Ahnen das Trankopfer und beten die göttlichen Bildnisse an.

In jeder Familie findet sich ein Hausaltar, der einer bestimmten Gottheit gewidmet ist. In vielen Haushalten, auch Läden und Unternehmen, steht das Bild Shivas, seiner Gattin Parvati mit dem gemeinsamen Sohn Ganesha. Täglich bis zu dreimal wird ihnen geopfert. Die Rituale gehen immer auf die Gastlichkeit ein: Begrüßung, Waschung, Opfergabe, Parfüm, Weihrauch, Licht und Speisen werden mit bestimmten Handlungen und dem Aufsagen dazugehöriger Mantras vollzogen.

Im Haus ist die Frau, die im öffentlichen Tempel keinen Dienst übernehmen darf, für den Altar verantwortlich.

Askese und Yoga

Mittel und Wege, die zur Erlösung führen sollen, bietet der Hinduismus mehrere. In der Askese sagen sich die Anhänger von den materiellen Besitztümern frei, verzichten auf Schlaf, Nahrung oder Bequemlichkeiten, ebenso auf

Den Altar im Haus zu schmücken, ist vor allem Aufgabe der Frau. Hier werden dreimal täglich den Göttern Opfer dargebracht.

„Der Yogi soll sich immerdar in
Versenkung üben, an einem
einsamen Ort allein weilend,
sein Denkorgan und sein Selbst
im Zaum haltend, ohne Erwartungen
und ohne Besitz."

Die Bhagavad-Gita lehrt einen Weg zur Erkenntnis mithilfe des Yoga. Hier erlangen die Gläubigen Ruhe und Gleichmut, um frei von Furcht zu werden und um mit dem wirklichen Wissen den Unterschied zwischen Geist und Seele zu erkennen und in das Nirwana eintreten zu können. Yoga heißt „Joch", womit das „Einspannen" an einen Gott oder an das Göttliche gemeint ist. Verschiedene Schulen bieten unterschiedliche Wege:

Hatha Yoga im Praktizieren bestimmter Körperübungen, Karma Yoga im selbstlosen Handeln, Bhakti Yoga in der liebenden Hingabe an einen Gott, Raja Yoga als königliches Yoga, Kundalini Yoga mit tantrischem Yoga und Jnana Yoga begeht den Weg der abstrakten Erkenntnis.

sexuelle Praktiken, manchmal Sprache oder Kommunikation. Die Askese wird teilweise als Grundbedingung und Voraussetzung dafür gesehen, dass der Weg zur Erlösung erfolgreich beschritten werden kann. Ein Mittel ist die Kasteiung, mit der ein Asket die kosmische Hitze (Tapas) auf sich ziehen will. Vor allem aber soll die Askese die seelische und geistige Energie erhöhen und heilig machen. Es ist auch üblich, mit ihr ein religiöses Fest einzuleiten.

Mantras und heilige Silben

Während Mantras als magische Sprüche gelten, die bestimmten Riten, Göttern, Menschen oder Taten zugeordnet werden, um Reaktionen auszulösen, ist „Oum" oder „Aum" die heilige Silbe des Hinduismus. Das Symbol selbst steht für die dreiteilige Welt: das Körperliche, das Geistige und das Unbewusste. Auch wird „Oum" als Urlaut bezeichnet, der mikroskopisch den ganzen Kosmos beinhaltet. Oum ist Bestandteil der wichtigsten Mantras, wird ebenso bei Ritualen und Opferhandlungen, während der Meditation oder auf dem Weg der Erlösung gesprochen. Die Interpretation der Silben oder Mantras ist dabei weniger entscheidend als ihr metaphysischer Gehalt, der vor allem die magische Reinigung bewirkt.

Die heilige Kuh

Bereits in der vedischen Religion genoss die Kuh eine besondere Stellung. Etwa 1000 v. Chr. wurde im Brahmanismus ein generelles Tötungsverbot erlassen, denn die Kuh symbolisiert in ihrer Heiligkeit die Erde. Wie das Tier seine Jungen nährt, so nährt die Erde uns Menschen. Zudem liefert die Kuh viele verschiedene Milchprodukte, die sie für den Haushalt unersetzbar macht. Alle Produkte gelten als magisch. Da die muslimischen Gegner den Verzehr von Rindern erlauben und auch die Engländer während der Kolonialzeit Kühe schlachteten, wuchs die Kuh vom religiösen zum nationalen Symbol.

Die Tempel sind die Residenzen der Götter und versinnbildlichen den Kosmos. Der höchste Turm befindet sich über dem Garbha Griha, dem wichtigsten Raum mit dem Kultbild des Gottes oder der Göttin.

Der Tempel

Im Gegensatz zur nomadischen Lebensweise der Indoarier, die ihre Kultstätte ständig neu errichten und die Götter einladen mussten, finden diese nun im Tempel ihren ständigen Aufenthalt.

Hinduistische Tempel folgen entsprechend ihrer Schule einem bestimmten baulichen Prinzip. Zugrunde liegen kann dabei das mystische Quadrat mit den unverrückbaren vier Enden und dem Kreis in der Mitte, der das Rad des Samsara symbolisiert. Der Tempel selbst ist in einen kleinen Raum, den Garbha Griha, mit der Statue der Gottheit und einen größeren Versammlungsraum für die Anhänger aufgeteilt. Darüber wölben sich ein oder mehrere Turmbauten, die dem heiligen Berg Meru entsprechen. Die turmartigen Dächer stehen aber auch für das Streben nach Höherem. Der Tempel selbst wird auch als göttliches Wesen angesehen:

> Das Gebäude symbolisiert
> die Natur des Universums,
> das Innere den reinen Geist
> und die Fenster seine Ohren.

Reiche Verzierungen, auch von kopulierenden Gottheiten, verdeutlichen die Einheit von männlich und weiblich, von Geist und Materie, von allem Dualistischen zum Einssein. Auf dem Tempelgelände befinden sich oft noch weitere Häuser wie die der Tempeltänzerinnen.

Vor dem Betreten eines Tempels müssen die Schuhe ausgezogen und alle Erzeugnisse aus Leder abgelegt werden, da dies sonst die Gottheit und deren Anhänger beleidigen würde.

◼ Rituale und Kulte

Der Gottesdienst im Tempel setzt sich aus verschiedenen Elementen zusammen. Mehrmals täglich nehmen Priester und Hilfspriester, die durch vorher vollzogene Reinigungsrituale dazu befähigt sind, ritualisierte Verehrungshandlungen auch im heiligen Raum vor.

> Magische Opferformeln,
> Waschungen, symbolische Gesten und
> Markierungen auf Statue und
> Priester leiten die Erweckungshandlungen
> zur Verehrung ein.

Damit sich die Gottheit in die Statue begibt, reinigt der Priester die Umgebung und sich selbst. Hat er die Gottheit in der Statue imaginiert, huldigt er ihr mit Willkommensgruß, Fußwaschungen, Süßigkeiten, einem Bad, Kleidern, der heiligen Schnur, Salbungen, Licht, Blumen und Weihrauch und Speisen, die von den Anhängern gekauft und dargebracht wurden und ausnahmslos aus der Tempelküche stammen.

Während der Priester die Verehrung vollzieht, warten die Anhänger im Versammlungsraum. Nach dem Opfern drückt der Brahmane den roten Farbpunkt auf die Stirn, der allein mit dem Ritus und nicht, wie manchmal angenommen, mit dem Familienstand zu tun hat. Er kennzeichnet lediglich die Opferhandlung, gilt als Meditationsgegenstand und Schmuck.

Jedes Opfer hat eine eigene Bedeutung. Reis steht für die Fruchtbarkeit, Blumen als Sinnbild für Reinheit und Wiedergeburt, womit sie sich als Schmuck für eine Gottheit eignen. Parfüm, Weihrauch und Licht gehören ebenfalls zu den festen Opfergaben.

Die Autorin nach der Puja im indischen Chamundi-Tempel mit dem während der Opferzeremonie vom Priester gesetzten Meditationspunkt auf der Stirn.

Priester

Priester gelten als Mittler zwischen Menschen und Göttern. Die Kenntnis der Schriften, vielfach auch der geheimen Texte, bestimmter Formeln und Zaubersprüche und deren Bedeutung machen sie unentbehrlich bei Ritualen und Opferhandlungen, bei Zeremonien und im Tempeldienst. Früher galten sie als unantastbar und waren mit der alleinigen religiösen Macht ausgestattet, die Götter freundlich zu stimmen. Einige Jahrhunderte vor unserer Zeitrechnung entwickelte sich als Gegenbewegung zu dieser Priestermacht die Heilssuche in der Askese und im Einsiedlertum. Priester sind bis heute unverzichtbar im Opferritual und der Gottesverehrung. Nur ihnen ist es im Tempel möglich, die Gottheit in die Statue zu bitten.

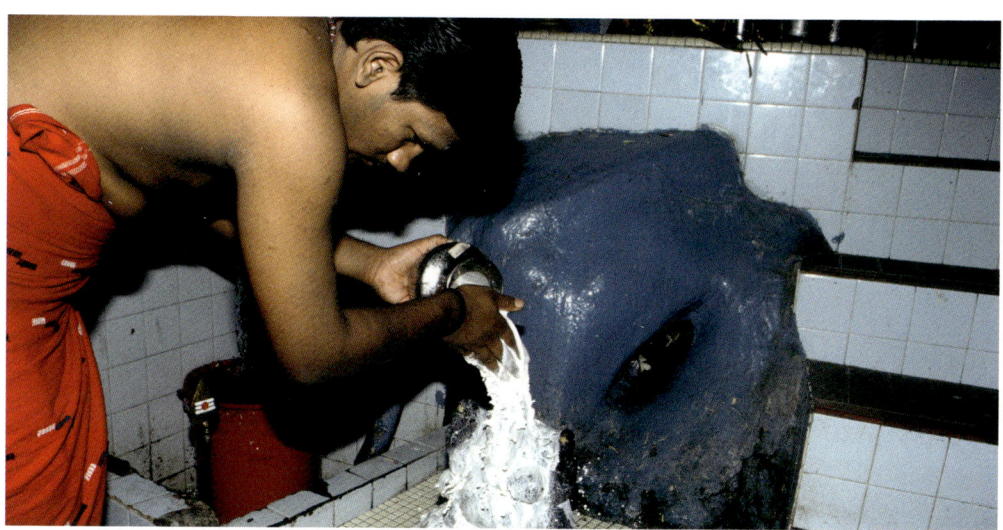

Ein Kultbild wird geweckt, gereinigt und mit Milch übergossen, um es auf den Tag vorzubereiten. Die Imagination der Göttinnen und Götter im Standbild wird als real angesehen.

Vaishnavas verehren Vishnu, oftmals auch einen seiner Avataras. Sie sind an ihrer Stirnbemalung zu erkennen, die wie bei diesem heiligen Mann aus senkrechten Strichen besteht.

■ Brahmanen

Seit den ältesten Zeiten bilden die Brahmanen die oberste Kaste der Inder. Sie nehmen eine Vorrangstellung gegenüber allen anderen Menschen ein, da sie geistig und körperlich „rein" leben. Seit jeher bilden sie die Gruppe der vor allem männlichen Priester, Dichter, Gelehrten und Politiker.

Die Pandits, die Gelehrten, nehmen den höchsten Rang innerhalb der Brahmanen ein. Brahmanen unterliegen einem strengen Reinheitsgebot, das sich neben dem Beruf auch durch die Heirats-, Essens- und zahlreiche Alltagsgewohnheiten zieht.

Mönch, Swami, Baba und Guru

Der Hinduismus kennt keine Hierarchie oder oberste Autorität, wie sie in anderen Religionen verbreitet ist, deren Worte Gesetz sind. Auch ist das Mönchtum nicht in einer Rangordnung untergliedert. Entscheidet sich ein Inder, den Weg der Erlösung in der monastischen Lebensweise zu finden, kann er verschiedene Richtungen wählen.

Als Sannyasin hat er sich von materiellem Besitz entledigt, trägt ein weißes oder gelbes Mönchsgewand.

In der Stirnbemalung zeigt sich, welchen Gott er gewählt hat: Shaivaiten tragen waagerechte, Vaishnuiten senkrechte Striche. Sannyasin wandern durch das Land, erbetteln sich ihr Essen und meditieren auf ihrem Weg der Erlösung. Vor allem alte Männer in der letzten Lebensphase wollen auf diesem Weg ihr Karma reinigen.

Yogins gehen den Weg des Yoga und erwählen sich Shiva im asketischen Aspekt des Mahayogin als Vorbild. Auf den verschiedenen Arten des Yoga wollen sie ihr spirituelles Ziel erreichen.

Sadhus ziehen ebenfalls bettelnd durch das Land, sind meist derart einfach gebildete Menschen, dass sie die Schriften nicht studieren können, da sie weder des Lesens noch des Schreibens kundig sind.

Heilige Männer werden gern mit Swami betitelt, ohne dass sie dabei in einer bestimmten Hierarchie stehen oder spezielle Prüfungen abgelegt haben müssen. Der Titel bezeichnet vielmehr die Verehrung dem Menschen und Meister gegenüber. Ebenso versteht sich die Anrede Baba als „Vater", die Ehrfurcht ausdrückt.

Sai Baba, Mahesch Yogi und die Transzendentale Meditation

Im Hinduismus treten verschiedene Gurus auf, die sich auf eine große Anhängerschaft verlassen können. Vielfach gelten sie als Inkarnationen einer bestimmten Gottheit, nicht zuletzt dadurch, dass sie eine Reihe von Phänomenen hervorrufen können. Einer der bekanntesten ist der 1926 geborene Sai Baba, der als Inkarnation eines Gottes gesehen wird. Zahlreiche Erzählungen berichten, dass Sai Baba Dinge materialisieren kann, die Zeit als nicht linear erkennt und ausnutzt, indem er gleichzeitig an mehreren Orten auftritt. Als ein Guru besonderer spiritueller Art gilt Mahesh Yogi, der gegen 1959 die Bewegung der Transzendentalen Meditation in den USA gründete. Als Ehrentitel führt er die Bezeichnung „Maharishi", großer Seher, die nur den höchstentwickelten, vollkommenen Sehern (Rishi) zukommt.

Gurus

Gurus sind vor allem Lehrer. Die hinduistische Tradition unterscheidet verschiedene Gurus in bestimmter Rangordnung. Zuunterst stehen die Eltern, die eine erste Erziehung übernehmen, ihnen folgen die Lehrer im Beruf. Weit höher stehen die spirituellen Lehrer, die den Kosmos und den individuellen Weg erklären.

Schließlich gilt auch die persönlich erwählte und verehrte Gottheit als Guru und Führer, die den Weg zur Erlösung weist.

Einem Guru ist unbedingter Gehorsam zu leisten, der sich auf Vertrauen gründet, aber auch zu Abhängigkeiten führen kann.

Sikhs verbinden in ihrem Glauben den Monotheismus des Islam und das Weltbild und die Riten des Hinduismus. Männer tragen Turban, Bart und Säbel.

Weitere Glaubensrichtungen

Der Hinduismus zerfällt in zahlreiche religiöse Systeme, die unterschiedliche metaphysische Fragen diskutieren. Die verschiedenen Strömungen suchen nicht nach Vereinheitlichung, vielmehr ist dem Gläubigen freigestellt, seine persönliche Glaubensrichtung zu verfolgen. Unterschiede liegen nicht nur im monotheistischen, atheistischen oder polytheistischen Weltbild oder den verschiedenen Weltdeutungen, sondern auch in den abweichenden Wegen der Heilssuche.

Shaktismus

Shakti ist die Muttergöttin, ein Aspekt Parvatis. Ebenso ist die freundliche Göttin Parvati ein Aspekt der weiblichen Energie Shaktis. So steht die Verehrung des Weiblichen im Mittelpunkt des Shaktismus, ebenso die Sinnenfreude und die Genüsse. Als Gegenströmung zur Askese verdeutlicht der Shaktismus aber nicht allein die materielle Genusssucht, sondern eine religiöse Erlösungssuche mithilfe der Sinne. Seinen Ursprung findet der Shaktismus in den Mutterkulten, die als orgiastische Feste zu Ehren der Fruchtbarkeit und Erneuerung abgehalten wurden. Auch die hedonistische Bewegung der Nastika, der Materialisten, spielte in den Shaktismus ein. Nastika glauben nicht an Wiedergeburt, sondern sehen die Bewegungen des Bewusstseins als „chemische" Reaktionen, was die vier Elemente Erde, Wasser, Feuer und Luft, aus denen alles besteht, miteinander bewirken.

Shakti ist einerseits eine Emanation von Parvati, der Gattin Shivas, andererseits wird damit die universelle Kreativität bezeichnet, als Schöpfungsenergie, die beim Menschen am Ende der Wirbelsäule im Beckenboden sitzt. Diese Energie wird mit speziellen Techniken aktiviert: im tantrischen Yoga mit Übungen, in Kulten des Shaktismus mit der rituellen sexuellen Vereinigung eines Shakta mit einer Partnerin, welche dann die Göttin symbolisiert.

Vaishnuiten und Shaivaiten

Die Anhänger dieser beiden religiösen Systeme sehen Vishnu oder Shiva als höchsten und einzigen Weltengott an. Ihre monastisch-asketisch lebenden Anhänger sind an den typischen Stirnzeichnungen zu erkennen. Eine Reihe von Ritualen und Kulten bestimmen das religiöse Leben. Die Verehrung Vishnus zeigt sich in der Frömmigkeit, aber auch in der emotionalen Anbetung (Bhakti) Krishnas oder Ramas. In der neueren Zeit entstand aus diesem Gebiet heraus die Hare-Krishna-Bewegung. Shaivaiten erkennen keinen Avatara an. Sie sammeln über Rituale Kräfte, um sich mit Gott zu vereinen. Vielfach beten sie als ein Symbol Shivas einen Linga (Phallus) an.

Tantrismus

Einige Jahrhunderte nach der Zeitrechnung entwickelte sich der Tantrismus. Ihm liegen religiös-philosophische Schriften, die Tantras, zugrunde. Das magische Ritual steht im Zentrum, wobei der Analogiegedanke von Mikro- und Makrokosmos in der Suche nach der göttlichen Einheit mittels

Tempel des Guru Nanak, Gründers des Sikhismus.

magischer Praktiken und Worte, den Mantras, aufgefangen wird.

Im Tantrismus unterscheiden sich die Schulen in ihren Ansichten. Während eine auf Disziplin setzt, sieht die „linkshändige" Schule das orgiastische Empfinden als erleuchtend. Zugrunde liegt das Yab-Yum-Prinzip, wobei jedem männlichen immer ein weiblicher Aspekt beigegeben ist. Deren orgiastische Verschmelzung wird dabei metaphorisch, aber auch physisch betrachtet.

Sikhs

Der Sikhismus als Universalreligion entstand aus Einflüssen des Hinduismus und Islam. Seine Stifter sind Kabir und Guru Nanak, die den Sikhismus als Bewegung gründeten. Guru Nanak wurde 1598 im Punjab geboren, schloss sich zunächst den Sufis an, der mystischen Strömung des Islam, entwickelte aber schon bald eigene Thesen. Er lehnte die hinduistische Orthodoxie ab und predigte die Hingabe an einen Gott. Seine Nachfolge bestimmten zehn lebende Gurus, die den Sikhismus erweiterten und noch heute als mystisch verklärt werden. Der zehnte Guru, Gobind Singh, baute den Sikhismus zu einer streng organisierten, vielfach militanten Gemeinschaft aus.

Männliche Sikhs sind an Bart, langem Haar, Turban (und Säbel) zu erkennen. Sie lehnen das Kastensystem ab und gelten als Gegner des Islam.

Ihr Heiligtum ist der Goldene Tempel von Amritsar, die Heilige Schrift Adi Granth sowie die Schriften der zehn Gurus. Sikhs glauben an einen einzigen Gott, Schöpfer und Durchdringer. Die Gläubigen können mit der Liebe und vollkommenen Hingabe an ihren Gott die Erlösung erreichen. Ihr Alltagsleben bestimmen drei Prioritäten: Sie verdienen ihren Lebensunterhalt durch die Arbeit ihrer Hände, helfen bedürftigen Menschen und meditieren über den Namen Gottes.

Das geschmückte und verehrte Bildnis der Göttin Durga wird nach den Feierlichkeiten im Fluss Jamuna versenkt.

Hinduistische Feste und Feiern

Zahlreiche Feste bestimmen den Jahreslauf. Zu den wichtigsten Götterfesten gehören: Rakhi-Bandhana (Indra geweiht), Krishna-Jayante (Krishna geweiht) oder Mahashiva-Ratri (Shiva geweiht). Jedes Fest unterliegt einem rituellen Ablauf.

Das Fest Navaratri erstreckt sich über neun Nächte und wird in ganz Indien zwischen September und Oktober begangen. Verehrt werden dabei die Göttinnen Sarasvati, Lakshmi und Durga. Girlanden geschmückte Fahrzeuge, aber auch mit Pulver bestreute Maschinen und Werkzeuge sind während dieser Zeit Teil des Alltagsbildes. Der neunte Tag gehört allein Sarasvati, der Schutzgöttin der Wissenschaften,

Künste und Musik, weshalb jeder Haushalt seine Musikinstrumente und Bücher säubert und vor das Standbild der Göttin legt, damit diese sie segnet. Der letzte Tag des Festes ist Lakshmi, der Göttin des Glücks, gewidmet.

Zahlreiche weitere Feierlichkeiten bestimmen den Jahreslauf in den unterschiedlichen Regionen des indischen Subkontinents. Während des Ganesha Caturhi, des Ganesha geweihten Festes, werden Süßigkeiten und Lichter auf dem Altar des Gottes geopfert. Das Bildwerk wird nach der Prozession im Meer versenkt. Beim Kalighat-Fest zu Ehren der Göttin Kali, das auch in Kalkutta gefeiert wird, werden Hunderte Ziegen geopfert, um den blutrünstigen Hunger dieser Ur-Göttin zu stillen. Im September findet zu Ehren der Göttin Durga zehn Nächte lang das Durga-Puja statt, bei dem die Anhänger den Sieg der Göttin über den Büffeldämonen Mahishasura feiern. Dazu köpfen und opfern sie Büffel. Während des Festes wird das Bildnis der Durga verehrt, um es am Ende der Feiern im Fluss zu versenken.

Etwa im Oktober, wenn die Regenzeit abklingt, feiern die Hindus den Sieg Ramas über den Dämonen Ravana. Dabei führen sie die Ramalilas auf, Laienschauspiele oder auch Schattenspiele, die von den Legenden um Rama erzählen.

In ganz Indien findet zu Ehren der Göttin Lakshmi eines der wichtigsten Feste statt: das Lichterfest Diwali. Dieses Freudenfest dauert fünf Tage ab der dunklen Monatshälfte des Monats Ashvina (Oktober/November).

■ Zweimalgeborene

Die ersten drei Stände, die Brahmanen, Kshatriyas und Vaishyas, werden auch „Zweimalgeborene" genannt, da die Kinder mit dem zwölften Lebensjahr als vollwertiges Mitglied feierlich in die Kaste aufgenommen und sinnbildlich zum zweiten Mal geboren werden. Nun ist ihnen das Studium der Veden erlaubt. Kennzeichen ist die Heilige Schnur, die über ihrer Schulter liegt.

■ Hochzeiten

Die Hochzeiten in der hinduistischen Gesellschaft werden sorgfältig geplant. Eine Reihe symbolträchtiger Handlungen soll Glück verheißen. Die Paare werden bis heute nach Kastenzugehörigkeit, Verwandtschaft und astrologischen Punkten ausgesucht. Frauen erhalten eine Mitgift und folgen ihren Männern.

Die Heiratssitte ist eines der wichtigsten Merkmale einer Kaste, die in der Endogamie gipfelt, bei der nur innerhalb des Standes geheiratet werden darf und die nur für die höchste Kaste gilt. Ansonsten ist die Hypergamie, die Einheirat in eine höhere Kaste, für Frauen genauso erstrebenswert, wie es für Männer möglich ist, Frauen aus einer

niedrigeren Kaste zu heiraten, ohne den sozialen Rang zu verlieren. Dafür müssen die Brauteltern eine enorme Mitgift zahlen. Die Geldgier der Höherkastigen bringt Tausende junge Frauen jedes Jahr um ihr Leben. Damit sie sich erneut verheiraten können, verbrennen die Ehemänner unter Mithilfe ihrer Familien die Ehefrau in der Küche bald nach der Hochzeit, spätestens, wenn die Mitgift aufgebraucht ist. Für die Mitgift stürzt sich die Familie der Braut in schwere Schulden, schon deshalb geht die Geburt eines Mädchens nicht mit Freude einher. Die Nicht-Verheiratung einer jungen Frau gilt aber als Verstoß gegen die religiösen Pflichten, sodass mit der Abtreibung der weiblichen Föten dieser Zukunft in Indien jedes Jahr millionenfach entgegengewirkt wird.

Für das Lichterfest zu Ehren der Göttin Lakshmi entzünden Frauen Hunderte von Tonlämpchen.

Vor der Hochzeit besprechen die beteiligten Familien die Höhe der Mitgift. Die Vermählung wird anschließend nach bestimmten regional und religiös üblichen Zeremonien vollzogen.

◼ Bestattung

Durch den Glauben an die Wiedergeburt ist der Tod allgegenwärtiger normaler Bestandteil des Lebens. Tote werden verbrannt, damit das Feuer reinigend auf den Ätherleib wirkt. Die Anverwandten übergeben die Asche einem heiligen Wasser, damit diese Teil im Weltenkreislauf wird. Die Asche kann aber auch beerdigt werden, da Erde zu den positiven Elementen gehört. In Erwartung des Todes reisen alte Menschen häufig an heilige Orte. Hier soll der Tod karmisch besser verlaufen als anderswo. Zum Verbrennen wird heiliges Feuer benutzt,

das in einem Tempel erworben werden kann. Arme Menschen sammeln das Holz selbst, manchmal über Jahre. Reiche lassen ihre Verwandten auf wohlriechenden Hölzern verbrennen. Früher wurden die Witwen, die Sati, nach dem Tod des Gatten mitverbrannt. Seit Mitte des 19. Jahrhunderts ist dieses Ritual streng verboten. Jedoch sind die Frauen gestorbener Männer, sofern sie keine Söhne zur Welt brachten, bis heute recht- und schutzlos und immer noch zu einem Leben in Armut verbannt.

Sich mit dem verstorbenen Mann mitverbrennen zu lassen war bis 1829 übliche Praxis für die tugendhafte indische Frau (Sati). Seitdem ist der Ritus verboten. In dieser Abbildung aus dem 19. Jahrhundert vermischt sich die indische mit der abendländischen Darstellung einer Märtyrerin. Indische Frauen legten sich, meist mit Drogen betäubt, neben ihren Mann auf den Holzhaufen und ließen sich bei lebendigem Leib verbrennen.

Buddhismus

Buddhismus

Der Buddhismus gehört zu den älteren Weltreligionen. Auf der Suche nach dem Sinn des Lebens bietet sein Stifter, Siddhartha Gautama, der Buddha, eine Weltsicht, die das Ich infrage stellt und keinen Gott zulässt. Mit seinen Thesen zählte Buddha bereits um 600 v.Chr. zu den großen philosophischen Vordenkern Asiens und begründete eine Lehre und Religion, die nach ihm benannt wurde und seit Jahrtausenden Menschen zum Nachdenken bringt. Millionen Gläubige – zunehmend auch in Europa – bekennen sich heute zum Buddhismus, der in der Vielzahl seiner Schulen immer einem zentralen Thema folgt: der unendlichen Liebe.

Der Buddhismus ist nach Christentum, Islam und HInduismus die viertgrößte Religion und hat weltweit ca. 360 Millionen Anhänger, vor allem in Asien. Zwar leben zahlenmäßig die meisten Gläubigen in China, doch den prozentual höchsten Bevölkerungsanteil weisen Kambodscha, Myanmar und Japan auf.

*Das Wort „Buddha"
leitet sich aus dem Sanskrit her,
heißt „Erwachter"
und bezeichnet jemanden,
der aus der Unwissenheit
erwachte.*

Das Rad der Lehre ist das Hauptsymbol des Buddhismus. Die acht Speichen stehen für den achtfachen Weg.

Mehr als 360 Millionen Gläubige hängen den Lehren des Buddhismus an (in der Karte gelb eingefärbt).

„Wer die Lehre sieht,
sieht mich."

Buddha

Spitz zulaufende Dächer kennzeichnen die charakteristischen Pagoden Südostasiens, wie am Tempel What Phra Kaeo in Bangkok.

Was ist Buddhismus?

Der Buddhismus ist eine nicht-theistische Religion, die sich an alle Menschen richtet, egal welcher Herkunft oder Kultur. Die Lehre und Ethik ist in verschiedenen Schriften niedergelegt, versteht sich aber nicht als Offenbarung, sondern als Entdeckung der Weltzusammenhänge. Der übergeordnete Begriff Buddhismus kam erst im 19. Jahrhundert auf. Vorher nannten die Anhänger ihre Religion ,,Dharma'' (Dhamma), die Lehre des Buddha. Ein Buddha versteht die ursächlichen Zusammenhänge und den Kosmos, er kann sich an seine vergangenen Leben erinnern und weiß um die Zukunft und Gedanken aller Wesen.

Die Religion geht auf Siddhartha Gautama zurück, der den Ehrentitel ,,Buddha'' trägt. Seine Erkenntnisse erlangte er nach einer Sinnkrise, die ihn zuerst zu einer asketischen Lebensweise führte, dann nach einer 49-tägigen tiefen Versenkung schließlich zur Erleuchtung.

Er erkannte die vier edlen Wahrheiten, den Kreislauf des Lebens, das Wesen des Menschen und seiner Triebe und den Weg zur Erlösung aus allem Leiden.

Was bedeutet ...

Bodhi	Erleuchtung
Bodhisattva	ein erleuchtetes Wesen, das nicht ins Nirwana eintritt
Buddha	der Erleuchtete, der ins Nirwana gegangen ist
Dharma	die Weltgesetze, die Lehre, aber auch die verschiedenen Daseinsfaktoren
Hinayana	abfällige Bez. der Alten Schule als Kleines Fahrzeug
Karma	die Taten und deren Auswirkungen
Mahayana	Großes Fahrzeug
Mandala	geometrisch aufgebautes Gebilde
Mantra	heiliger Spruch
Meditation	tiefe Versenkung
Mudra	Hand- und Fingerstellungen
Nirwana	der letzte Zustand, das Ende des Leidens
Reinkarnation	Wiedergeburt
Samsara	Geburtenkreislauf, wandern
Samskara	Willenstätigkeit, die das Karma beeinflusst
Sutra	Lehrreden des Buddha
Tantra	buddhistische Richtung
Tathata	die Soheit, das Sein
Theravada	Buddhismusrichtung der Alten Schule
Vajrayana	Diamant-Fahrzeug
Zen	japanische buddhistische Richtung

Aus diesen Erkenntnissen formulierte er in zahlreichen Predigten eine Lehre, die er an seine Schüler weitergab. Orden und Klöster entstanden, viele Gläubige schlossen sich an und trugen das Dharma in zahlreiche Länder Asiens.

Da der Buddhismus den Weg zum Nirwana, zum ewigen Frieden und Loslösen von allem Leid weist, gilt er als Heilsweg. Buddhisten glauben an keinen Gott, kein göttliches System oder unpersönliches Absolutes, weder an die Materie noch an eine Seele, vielmehr an verschiedene, sich ständig ändernde, aber zusammenwirkende Daseinsfaktoren, die Person und Umwelt bestimmen. Demnach halten Aktion und Reaktion die Gedanken und Taten, die auch als Karma bezeichnet werden, den Menschen so lange in seinem Leid fest, wie er nicht fähig ist, sich aus seiner Unkenntnis zu befreien. Mit der Meditation und dem Achtfachen Weg, den Buddha formulierte, können sich Menschen von ihrer Gier und ihrem Karma lösen und so aus dem leidvollen Kreislauf der Wiedergeburten befreien.

Buddha selbst vertrat dabei die Ansicht, dass nur Mönche oder Nonnen den Achtfachen Weg mit Erfolg beschreiten können. Zu dieser Ansicht der „Alten Schule" kam später die Schule des „Großen Fahrzeugs Mahayana" hinzu. Hier ist es den Menschen auch im Alltag möglich, Erlösung zu erlangen.

Buddha – Mensch oder Gott?

Buddha ist kein Gott, sondern ein Wesen, das viele Existenzen durchlief, um zur Erleuchtung zu gelangen. Buddhisten glauben, dass es vor Siddhartha Gautama weitere Buddhas auf der Erde gab und dass auch weitere nach ihm auftreten werden. Der Weg zum Buddha führt im Mahayana über den Bodhisattva, ein Wesen, das zwar erleuchtet ist, den Eintritt in das Nirwana aber hinauszögert, um möglichst viele Menschen auf ihrem Weg zur Vollkommenheit zu begleiten.

Ein Bodhisattva tritt in zweierlei Formen auf: Als geistiges metaphysisches Wesen hilft er beim Anrufen, als körperlich Inkarnierter durch die Lehre. Er kann nach vielen Daseinsformen

Räucherstäbchen gehören zu den buddhistischen Opfergaben am Altar. Der wohlriechende Rauch reinigt die Aura und vertreibt Dämonen.

zum Buddha reifen, nötig dafür ist die persönliche Predigt eines früheren Buddhas in einem vorherigen Leben. Zur Erleuchtung gelangt er dann jedoch nur allein, also ohne die direkte Hilfe eines Meisters. Da Buddhisten an den zyklischen Verlauf der Geschichte glauben, treten Erleuchtete in jeder Weltperiode auf, um den Weg ins Nirwana zu lehren und zu weisen.

■ Kein Gott – Religion oder Philosophie?

Prinzipiell ist die Erleuchtung allen Menschen möglich, sofern sie Gier, Hass und Verblendung hinter sich lassen. Aufgrund ihrer unterschiedlichen Entwicklungsstufen kann es jeweils nur wenigen Personen im gegenwärtigen Leben möglich sein, tatsächlich zu wahrer Erkenntnis zu gelangen.

Da der Buddhismus keinem Gott einen Stellenwert zukommen lässt, wohl aber den Kosmos und den Zusammenhang der Dinge diskutiert, stellte sich früher die Frage, ob der Buddhismus eine Religion oder eine Philosophie ist. Philosophisch mutet die Analyse aller Prozesse des Daseins an, auch die Untersuchung der menschlichen Psyche und des Selbst. Da aber der Buddhismus auch Götter- und Geistwesen, verschiedene Welten, das karmische Vergeltungsprinzip und den Weg zu einer Erlösung beschreibt, nimmt er religiöse und metaphysische Inhalte an und gilt deshalb als Religion.

Liegender Buddha in der Schwedagon-Pagode in Rangun/Burma, einem Zentrum des Theravada-Buddhismus.

Sitzender Buddha im Ayutthaya-Tempel in Thailand mit Opfergaben.

Das Leben des Buddha

Was Jesus für das Abendland – ist Buddha für Asien. Siddhartha Gautama, der Buddha, nimmt mit seiner Lehre den zentralen Platz in der Religion des Buddhismus ein, der nach ihm benannt wurde. Er wird auch als Shakyamuni, als „Heiliger aus der Familie der Shakya", bezeichnet. Um die Geburt und das Leben des Stifters ranken sich wie bei allen mystischen Personen zahlreiche Legenden.

Buddha erlangte tiefe Erkenntnisse über den Hergang der Welt, die Unendlichkeit der Dinge und die Vorstellungskraft des Geistes, was ihn zum großen Vordenker seiner Zeit macht. Sein Heilsweg bezieht sich auf die Loslösung von jeglicher Leidenschaft und Gier. Mit der Gründung der Klöster setzte er das Kastensystem außer Kraft und predigte, dass jedes Wesen während seiner vielen Existenzen lernen könnte, zur Vollkommenheit zu gelangen.

◼ Geburt, Leben, Erleuchtung

Buddhas Leben beschreiben zahlreiche Pali- und Sanskrittexte, die allerdings erst einige Jahrhunderte nach seinem Tod entstanden sind. Buddha war eine reale Person, trotz aller blumigen Ausschmückungen und Mystifizierungen. Unterschiedliche Quellen belegen, dass Siddhartha Gautama um 566 v. Chr. (oder 450 v.Chr.) als Sohn adeliger Eltern aus dem Volk der Shakya in Lumbini auf die Welt kam. Legenden begleiten seine Geburt und Jugend. Die Mutter Maya erfuhr von der Niederkunft durch einen Traum: Ein weißer Elefant fuhr seitlich in ihren Leib ein, was bedeutete, dass ein Bodhisattva reinkarnieren würde.

Als die Mutter das Kind zur Welt brachte, überstrahlte ein großer Glanz den Augenblick. Das Neugeborene war von besonderer Schönheit und besaß alle Zeichen der Vollkommenheit, was die Astrologen zu der Einsicht brachte, dass Siddhartha Gautama entweder ein Weltenherrscher oder ein Erleuchteter werden könnte. Sieben Tage nach der Geburt starb die Mutter. Die Pflege des Kindes übernahm eine weitere Frau des Vaters, Mahaprajapati Gautami, die später eine der ersten Bettelnonnen wurde.

Siddharthas Vater, der Adelige Suddhodhana, zog den Jungen abgeschirmt im palastartigen Haus auf und ließ ihn in allen Fertigkeiten ausbilden mit dem Wunsch, ihn auf dem Thron eines großen Reiches zu sehen. Siddharthas Klugheit zeigte sich, indem er nicht nur sämtliche Künste vollkommen beherrscht, sondern auch darin, dass er am ersten Schultag alle Buchstaben gekannt und in einer Sprache mit seinen Lehrern gesprochen haben soll, die zu diesem Zeitpunkt bereits als ausgestorben galt. Diese konnte Siddhartha nur aus den früheren Leben kennen. Später erzählte er ausführlich über seine Inkarnationen. Siddhartha wuchs in Glanz und Reichtum auf. Er wählte sich aus den Schönsten des Landes das Mädchen Gopa aus dem Geschlecht der Shakya zur Frau. Doch bald erfasste ihn eine Sinnkrise, die ihn das Leben neu betrachten ließ. Zahlreiche Texte berichten, dass Buddha den Anstoß zum Austritt aus dem weltlichen Leben durch vier legendäre Ausfahrten erhielt. Sein Vater versuchte ihn von allem Traurigen fernzuhalten.

Buddha Shakyamuni

Siddhartha Gautama (Buddha) wird auch als Skakyamuni bezeichnet, da er aus dem Geschlecht der Shakya kommt. In den Schulen des Mahayana (großen Fahrzeugs) gilt er als erleuchteter Bodhisattva, der auf die Erde gekommen war und Menschengestalt angenommen hatte.

**Vielfach wird sein
Körper als dreiartig beschrieben:
als Körper der Lehre (des Dharma),
als Körper des Menschen und
als unsterblicher Verwandlungskörper.**

Buddha soll einen untadeligen Charakter besessen und als ausgezeichneter Lehrer und Prediger Zuversicht und Harmonie ausgestrahlt haben.

Siddhartha begegnete erst als Erwachsener einem Alten, einem Kranken, einem Toten und einem Mönch.

Die Konfrontation mit den Leidenden führte beim jungen Prinzen zum Entschluss, den Ausweg aus dem ewigen Kreis der Leiden zu suchen. Dazu schor er sich Haare und Bart, legte ein einfaches Gewand an, verließ Palast, Frau und Sohn, um zunächst als Asket die Erleuchtung zu suchen. Sechs Jahre lebte er streng asketisch gemeinsam mit seinen Jüngern.

Doch er erkannte, dass die Erleuchtung nicht im Extremen, sondern nur auf dem „Mittelweg" möglich zu sein schien. Er nahm wieder Nahrung zu sich und setzte sich im gekräftigten Zustand unter einen Feigenbaum im heutigen Bodh-Gaya. Er wollte erst wieder aufstehen, wenn er durch tiefe geistige Versenkung Erkenntnis erlangt hätte. Während seiner langen Meditation von 49 Tagen verband er sich mit der Erde, bekämpfte die Dämonenheere des Bösen Mara und dessen verführerische Töchter. Dabei überwand er alle Gedanken seines Geistes, wodurch er in die höchste Stufe der Versenkung gelangte und damit schließlich zur Erleuchtung. Nun offenbarten sich ihm der Weg aus dem Leiden und die „vier heiligen Wahrheiten". Siddhartha war nun Buddha, ein vollkommen Erleuchteter, nachdem er viele Leben vorher durchlaufen hatte und nun zu höchster Weisheit gelangt war.

▮ Buddhas Tod

Nach seiner Erleuchtung begab sich der Buddha nach Benares, wo er seinen Jüngern die erste legendäre Predigt hielt, die als „Lehrschrift vom Drehen des Rads des Lebens" später in den Lehrtext einging. In den nächsten vierzig Jahren lehrte und predigte Buddha und baute eine Gemeinde auf. Mit Unterstützung reicher Adliger, die wie

Geschichte

um 560 bis um 480/486 v. Chr.	Lebenszeit von Siddhartha Gautama
486 v. Chr.	1. Konzil in Rajagrha, erster Kanon wird festgelegt.
373 v. Chr.	2. Konzil in Vaisali, erste Spaltungen
268–232 v. Chr.	Lebenszeit von König Ashoka, der den Buddhismus in Indien verbreitet, das 3. Konzil findet statt.
225 v. Chr.	Buddhismus kommt nach Sri Lanka.
100 v. Chr.	Früher Mahayana bildet sich heraus, erste Sutren.
um 80 v. Chr.	Pali-Kanon wird während einer Mönchsversammlung niedergeschrieben.
um 30 v. Chr. oder um 100 n. Chr.	4. Konzil in Kaschmir
40 n. Chr.	Buddhismus kommt nach China.

320–540	Gupta-Dynastie in Indien, Blüte des Buddhismus in Indien
344–413	Lebenszeit von Kumajiva, Übersetzer von buddhistischen Schriften ins Chinesische
372	Buddhismus kommt über China nach Korea.
569–650	Lebenszeit des 33. Königs Srongtsen Gam-po, der Buddhismus kommt nach Tibet.
574–620	Lebenszeit von Fürst Shotoku, der den Buddhismus in Japan fördert
593–621	Buddhismus wird offizielle Religion in Japan.
618–907	Tang-Dynastie in China, Höhepunkt des Buddhismus in China
um 700	Der tantrische Buddhismus entsteht.
um 800	Borobudur wird gebaut.
939	Mahayana wird in Vietnam Staatsreligion.
1057	Blüte des Theravada in Burma
11. Jh.	Vier Hauptschulen des tibetischen Buddhismus entstehen, Amita-Buddhismus breitet sich in Japan aus.
1173–1262	Lebenszeit von Shinran, des Gründers des japanischen Jodo Shinsu
um 1250	Der Buddhismus wird aus Indien verdrängt.
1200–1253	Lebenszeit vom Dogen, dem Gründer des Soto Zenshu in Japan
1222–1282	Lebenszeit von Nichiren, dem Gründer des Nichirenshu in Japan
12.–14. Jh.	Buddhismus breitet sich in Indochina aus.

Die gewaltigen Buddhastatuen in Adinath in einem Stich aus dem 19. Jahrhundert.

1391–1475	Lebenszeit des Mönchs dGe-dun-grub in Tibet, der nachträglich zum 1. Dalai Lama ernannt wird
1543–1588	bSod-nams rGya-mtso regiert in Tibet und erhält den Titel Dalai Lama
15. Jh.	Der Buddhismus verbreitet sich in der Mongolei.
1844	Erste buddhistische Texte erscheinen in den USA.
1871	5. Konzil in Burma
1875	Gründung der Theosophischen Gesellschaft in Europa durch Henry Steel Olcott und Madame Blavatsky
1881	Gründung der Pali-Gesellschaft in England
1891–1956	Lebenszeit von Ambedkar, der den Buddhismus in Indien neu belebt
1912	Lakshmi Narasu, Führerin der buddhistischen reformatorischen Bewegung in Indien, veröffentlicht „Die Essenz des Buddhismus".
1950	China überfällt Tibet.
1954–1956	6. Konzil in Rangun
1966	Internationale Organisation für Mönche und Nonnen des Theravada und Mahayana „World Buddhist Sangha Council" gründet sich.
1991	Buddhismus wird wieder Staatsreligion in Kambodscha.

Verfolgung in Tibet

Tibet gründete sich bereits im 7. Jahrhundert als buddhistisches Königreich. Ab dem 11. Jahrhundert herrschte der Lamaismus, eine Sonderform des Buddhismus, vor. Seit dem 15. Jahrhundert führt der Dalai Lama, das religiöse Oberhaupt, Tibet als theokratischen Staat. China besetzte 1950 Tibet und gliederte es 1951 in den chinesischen Staat ein. 1959 mussten schließlich der Dalai Lama und mit ihm 70000 Tibeter in die benachbarten Länder flüchten. Zwar erklärte die chinesische Regierung Tibet seit 1965 zur autonomen Region, unterdrückt aber das Land mit seinen Gläubigen bis heute, verfolgt und tötet Mönche und Nonnen, schließt Klöster und wandelte den Potala in Lhasa, den heiligen Sitz des Dalai Lama, in ein Museum um.

Der Potala in Lhasa, der Palast des Dalai Lama in Tibet, ist heute größtenteils ein Museum. Der Dalai Lama flüchtete nach der Besetzung Tibets durch China 1959 ins indische Exil.

Bäumen ließ er sein Sterbelager bauen und unterwies einige seiner Umgebenen über die Wahrheiten und sein Begräbnis. Er durchlief noch einmal die Stufen der Meditation und ging dabei ins Nirwana ein. Die verbrannten Überreste des Leichnams wurden zu acht Teilen unter den Königen und Anhängern verteilt, die in ihrer Heimat Stupas darüber errichten ließen.

Buddhistische Geschichte

Buddhas Gemeinde setzte sich aus Mönchen, Nonnen sowie Laienbrüdern und -schwestern zusammen, die in Klöstern lebten und lehrten. Ab dem 3. Jahrhundert v. Chr. breitete sich der Buddhismus zunächst in Indien, später dann in den angrenzenden Ländern, aus. Vor allem wurde der Buddhismus durch die Bekehrung des Königs Ashoka (237–233 v. Chr.) bekannt, der sich vom

sein Vater Beziehungen zu Königen nutzten, entstanden die ersten bedeutenden Klöster. Nach vielen Jahren des Wanderns und Predigens ging Buddha nach Kushinagra, wo er im Alter von etwa 80 Jahren beschloss zu sterben. Zwischen zwei

kriegerischen Herrscher zum pazifistischen Buddhisten wandelte und selbst nach Erleuchtung strebte. Ashoka setzte sich für Medizin, Harmonie und Toleranz ein. Er brachte den Buddhismus in zahlreiche Länder. Dort vermischte sich die Lehre mit verschiedenen volksreligiösen Ansätzen. Mit der Herrschaft nachfolgender hinduistischer Königshäuser verringerte sich später der Einfluss des Buddhismus in Indien.

Während eines „Konzils", einem Treffen der verschiedenen Schulen um 340 v. Chr., hatte sich der Mahayana-Buddhismus von der „Alten Schule" getrennt, die den Heilsgedanken und Traditionen Buddhas anhing. Aus deren zahlreichen Richtungen blieb nur der Theravada-Buddhismus bis heute erhalten, der sich von Sri Lanka nach Südostasien ausbreitete und deshalb auch als „südlicher Buddhismus" bezeichnet wird. Als „Großes Fahrzeug" bezeichnet sich der Mahayana-Buddhismus selbst, da er auch Laien die Möglichkeit zur Erleuchtung einräumt. Mehrere nachfolgende Konzile widmeten sich verschiedenen strittigen Fragen und der Schrifteneinheit. In den kommenden Jahrhunderten breitete sich der Buddhismus bis nach China, Korea und Japan aus, wo er anfangs aber nur die Nonnen und

Mönche erreichte. Über zehn verschiedene Richtungen entwickelten sich in China und später in Japan weiter. Ab dem 8. Jahrhundert erreichte der Buddhismus Tibet, später Burma, Laos, Kambodscha und Thailand. In den großen Bauwerken und Stupas vermischte sich zum Teil der Mahayana mit dem Hinduismus, aber auch mit anderen volksreligiösen Strömungen. Ab dem 18. Jahrhundert setzte im Buddhismus ein Reformationsprozess ein. Mit dem 19. Jahrhundert kam der Buddhismus in den Westen, wo ab dem 20. Jahrhundert die ersten buddhistischen Zentren entstanden.

Der Erleuchtete erinnert an das buddhistische Leben. Die Buddhanatur kommt in jedem Lebewesen vor, nur wird sie nicht von allen erkannt. Buddha erschien in der Welt, um darüber zu lehren.

Das Lotussutra

Es ist eine dem historischen Buddha zuge-
schriebene Lehrrede und einer der bis heute
beliebtesten Texte und wichtigsten Schriften
des Mahayana. Mit Parabeln wird der Weg der
Befreiung über das „große Fahrzeug" Mahayana erklärt, das die Buddhaschaft ist, die
allen Lebewesen offen steht.

*Ein Faden bindet die Sutren
zusammen. Er gab den Schriften
ihren Namen, denn Sutra heißt
Faden.*

Buddhistische Schriften

Die buddhistische Glaubenslehre orientiert sich
an einem Kanon, wobei jede Strömung oder
Schule einen anderen Kanon anerkennt.

Buddha selbst hinterließ keine Schriften. Erst
200 Jahre nach seinem Tod wurden die ersten
Texte fixiert. Die meisten Lehrschriften entstanden weit später in mittelindischen Dialekten
oder Sanskrit, aber nicht in Magadhi, der Sprache
in Buddhas Wirkungsgebiet, in der er gepredigt
haben soll. Sämtliche ihm zugeschriebenen Reden
gelten zwar als seine Worte, es ist aber bekannt,
dass sie einige Bearbeitungen über sich ergehen
lassen mussten.

Pali-Kanon und Schriftensammlungen

Als eine wichtige Quelle gilt der Kanon in der
Sprache Pali der „Alten Schule" des Südens,
des Theravada-Buddhismus, der vermutlich
etwa im 1. Jh. v. Chr. schriftlich fixiert wurde.
Dieser Pali-Kanon, der als Tripitaka (Dreikorb)
als einziger im Ganzen erhalten blieb, gliedert
sich in drei „Körbe": einen Korb der Lehrreden
Buddhas (Sutras), einen Korb der Ordensdiszi-
plinen (Vinaya) und einen Korb der reinen Lehre
(Abhidharma). Die beiden ersten Körbe gehen
auf die Predigten Buddhas zurück und schildern
darüber hinaus seine Biographie. Auch enthalten
sie Traditionen, die vor ihrer schriftlichen Nieder-
legung bereits unter den Buddhisten üblich
waren. Neben dem Pali-Kanon blieben noch die

Kanons der Sarvastivada und der Mahasanghika erhalten, allerdings mehrfach übersetzt und teilweise fragmentarisch, ebenso die tibetischen Sammlungen Kandschur und Mandschur. Zudem gibt es zahlreiche Texte im Sanskrit sowie Sastras, verschiedene Abhandlungen berühmter Verfasser, und die Jatakas, die recht blumigen Beschreibungen von Buddhas Leben.

Sehr frühe Pali-Dokumente befassen sich ebenfalls mit dem Leben und Wirken Siddhartha Gautamas sowie der anfänglichen Traditionen der Urgemeinschaften, jedoch in weniger ausgeschmückter Weise. Zahlreiche spätere Texte wurden aus ursprünglichen und heute verloren gegangenen Texten in Sanskrit übersetzt oder darin verfasst. Aber auch die späteren Texte beinhalten die Quintessenz: die vier edlen Wahrheiten, den Achtfachen Weg, die Nichtexistenz des verhafteten Selbst oder die Weltenwanderung.

Die buddhistische Lehre

Die buddhistische Lehre gründet sich auf der Erkenntnis, dass alles vergeht. Nichts hat Bestand, nichts ist einheitlich, weder das Materielle, noch das Geistige, so auch nicht der Mensch. Er und seine Umwelt setzen sich aus vielen einzelnen Bestandteilen zusammen, die sich ständig verändern. Und obwohl alle Kräfte im Fluss sind, unterliegen sie doch dem Dharma, dem Weltgesetz, das die moralische Ordnung bestimmt und im Kausalitätsgesetz gründet. Demnach bewirkt alles, was getan oder gedacht wird, eine Reaktion. Da Kräfte und Bestandteile verzahnt zusammenwirken, entsteht der Eindruck eines scheinbaren Ganzen. Der Buddhismus unterscheidet verschiedene Daseinsbereiche, die von den Emotionen wie Stolz, Eifersucht, Verlangen, Unwissenheit, Gier und Hass hervorgerufen werden.

▪ Der Kreislauf der Geburten

In den asiatischen Kulturen des Hinduismus werden die Menschen in ein Kastensystem geboren. Die vier Kasten unterteilen sich in Brahmanen (Lehrer), Kshatriya (Krieger), Vaishyas (Handel-, Viehzucht- und Ackerbautreibende) und Shudras (Dienende). Im Buddhismus gilt zwar die Geburt als Folge des Karmas, jedoch ist das sittliche Verhalten für den Rang entscheidend. Da Buddhisten an die Wiedergeburt glauben, begreifen sie das angesammelte Karma, also die Summe der (guten und bösen) Taten, als ausschlaggebend für das jetzige und zukünftige Leben.

Dieser Kreislauf der Geburten bestimmt das religiöse Verständnis und Handeln. Entscheidend für das Karma sind neben den Taten vor allem die Samskaras, die Willenstätigkeit eines Wesens, wie Vorstellungen, Absichten oder Sehnsüchte. Auch Buddha sah sich mit dem Rad des Lebens konfrontiert und dem stetigen Wandern durch die Existenzen (Samsara). Er suchte nach einem Weg, diesen Kreislauf zu durchbrechen und alles Leid zu überwinden. Während seiner Meditation und Erleuchtung offenbarten sich ihm die vier Wahrheiten und damit die Möglichkeit, die Samskaras zu überwinden.

Das achtspeichige Rad der Lehre rollt seit Buddha durch die Zeit. In der ersten Umdrehung breitete sich der Buddhismus in Indien als Theravada aus. In der zweiten Umdrehung entstand der Mahayana und verbreitete sich über große Teile Asiens. Mit der dritten Umdrehung kam der Buddhismus nach Tibet, wo der Vajrayana, der tibetische Buddhismus, hervortrat.

Der 3,30 m hohe und 100 kg schwere *Lampion* am Eingangstor Kaminari-mon (Donnertor) der Tempelanlage von Asakusa in Tokio, die bis ins 7. Jahrhundert zurückgeht und der Gnadengottheit Kannon gewidmet ist.

> „Denn niemals hört im Weltenlauf die
> Feindschaft je durch Feindschaft auf.
> Durch Liebe nur erlischt der Hass,
> ein ewiges Gesetz ist das."

Buddhisten gehen davon aus, dass der Mensch keine kontinuierliche Seele besitzt, sondern aus fünf Gruppen oder Daseinsfaktoren besteht: dem Körper, der Empfindung, der Wahrnehmung, den Gedankenimpulsen und dem Bewusstsein. Alles ist steter Änderung unterworfen, wobei sich die Faktoren permanent verändern. Da sich alles im Fluss befindet, ist eine tatsächliche Kontinuität nicht vorhanden. Trotzdem bleibt ein Wesen mit seinem Karma verbunden. Denn die veränderliche Summe aller dieser Faktoren sucht sich eine neue menschliche Hülle. Dass nun der Kreislauf weitergeht, hat seine Ursache im „Nichtwissen", das als unbewusste Denk- und Willensrichtungen weiterhin karmische Reaktionen auslöst. Die Ursache von allem Leid, also auch der Gier, ist somit das Nichtwissen.

◾ Die vier Wahrheiten

Buddha erkannte die vier Wahrheiten, die eine richtige Perspektive der Welt zeigen.

> 1. Die weltverhaftete Existenz ist mit Leiden verbunden (auch die mit einem oder mehreren Göttern verhaftete).

> 2. Die Ursache allen Leidens liegt im Begehren (auch der Existenz), der Gier.

> 3. Die Erkenntnis des Leidens ist die Voraussetzung für die Überwindung, also wenn die Gier vernichtet wird, wird auch das Leiden vernichtet.

> 4. Der Weg zur Aufhebung des Übels, von Gier und Leid, liegt im Achtfachen Weg.

◾ Der Achtfache Weg

Der Achtfache Weg soll aus dem Kreislauf des Leidens führen. Buddha gab ihn als den Kern seiner Lehre an. Zu erreichen sei er über die Meditation. Denn um die Gier zu überwinden, bedarf es einer erheblichen geistigen Anstrengung, die mit der Meditation möglich wird. Mit der ethisch-asketischen Zucht, der Versenkung und der erlösenden Erkenntnis, die eine Erinnerung an die eigenen früheren Geburten, das Erkennen des Karmas anderer und der vier edlen Wahrheiten einschließt, ist schließlich der Ausbruch aus dem Samsara möglich.

Der Achtfache Weg gliedert sich in:

- rechte Ansicht
- rechtes Denken
- rechte Rede
- rechtes Handeln
- rechtes Leben
- rechtes Streben
- rechte Wachsamkeit
- rechte Sammlung

Die goldene Gnadengottheit Kannon, ein weiblicher Aspekt des Bodhisattvas Avalokiteshvara, wird in Japan als Beschützerin der Kinder, toten Seelen und schwangeren und gebärenden Frauen verehrt. Kannon schenkt jedem Buddhisten, der sie anruft, unendliches Mitgefühl, weshalb die Statue in manchen Tempeln tausend Arme besitzt. Die goldene Kannon im Zensho-an-Tempel in Tokio entstand 1991.

■ Nirwana und Selbsterlösung

Das Nirwana gilt zwar als „Dharma", also als Daseinsfaktor im Weltgesetz, unterscheidet sich aber von den anderen Bestandteilen als das Heilziel, die Erlösung und das so genannte Erlöschen. Um dahin zu gelangen, müssen alle Absichten wie Gier, Hass und Verblendung überwunden sein. Das Wesen ist mit den fünf Bestandteilen nur noch gering verbunden. Mit dem Tod tritt es dann ins Nirwana ein, der Kreislauf der Wiedergeburt ist durchbrochen und das Ende allen Leidens erreicht. Dabei darf das Nirwana nicht mit dem religiösen Jenseits verwechselt werden. Vielmehr gilt das Nirwana als das Einzige, was bestehen bleibt und nicht ständigem Wandel unterworfen ist.

> „Seid ohne Unterlass wachsam, geht in Tugend den rechten Pfad. Wohlgesammelt, entschlusskräftig behütet, Jünger, euren Geist."

Die Verehrung des liegenden Buddha gründet sich auf die letzten Stunden Siddhartha Gautamas. Am Ende seines Lebens legte sich der Erwachte zwischen zwei Bäume und ging ins Nirwana ein.

Buddhistische Strömungen und Schulen

„Nur Ausrottung aller Arten von Drang führt zur restlosen Leidenschaftslosigkeit, zum Ende, zum Nirwana."

Das Kleine, das Große und das Diamantene Fahrzeug

Im Buddhismus können neben den zahlreichen Schulen drei große Richtungen unterschieden werden: der südliche Buddhismus (früher Hinayana-), der Mahayana- und der Vajrayana-Buddhismus. Die drei Richtungen unterscheiden sich in der Erkenntnis, in der Götterwelt, im Weg zur Erleuchtung und auch in der Ansicht über einen vollendeten, vor der Erleuchtung stehenden Menschen. Bereits wenige Jahrhunderte nach dem Tod Buddhas trennte sich der Mahayana vom südlichen Buddhismus.

Der südliche Buddhismus

Er bezieht sich auf die ursprüngliche Lehre Buddhas und lehnt die persönliche Seele wie auch einen Gott ab. Früher wurde er als Hinayana bezeichnet, was „klein", aber auch abwertend „gering" bedeuten kann. Die Bezeichnung „Kleines Fahrzeug" soll verdeutlichen, dass er in der alten Tradition nur wenigen Menschen Platz für die Erleuchtung bietet. Er verkörpert die monastische Heilsauffassung des ältesten Buddhismus. Ziel ist es, ein Arhat, ein erlöster Mensch, zu werden, der kein Buddha, sondern ein aus dessen Lehre „Vollendeter" ist. Dieser Weg stand ursprünglich nur Mönchen offen, die allein ohne fremde Hilfe eines Geistwesens zur Erleuchtung gelangen sollten. Die Mittel zur Erlösung bestehen im Achtfachen Weg und der besonderen Aufmerksamkeit. In der Geschichte gab es bis zu 30 Schulen, die sich teilweise nach ihrem eigenen Kanon richteten. Bis heute ist die Schule Theravada („Schule des Älteren") in Sri Lanka, Burma, Thailand, Kambodscha, Laos und Vietnam verbreitet.

Mönche ernähren sich von Almosen, die sie am Morgen und Vormittag erbetteln. Laien geben gerne, um gute Taten anzusammeln.

Der Buddhismus unterscheidet zwei Arten von Bodhisattvas: den transzendenten und den körperlich inkarnierten. Das Erscheinungsbild der transzendenten Bodhisattvas vermischte sich stark mit dem Volksglauben. Sie erfüllen bestimmte Aufgaben, ihr typisches Aussehen im Tempel kennzeichnen Symbole, Gesten und Körperhaltungen. Grundsätzlich helfen diese Wesen bei Anrufungen und nehmen alle Lasten und Leiden auf sich, um die Menschen zur Erleuchtung zu führen. Als Dank dafür gehen diese selbst den Weg des Bodhisattvas und legen dafür ein Gelübde ab. Der Heilsweg steht in den meisten buddhistischen Schulen Männern wie Frauen, Mönchen wie Laien offen. Hat ein inkarnierter Bodhisattva die zehn Stufen durchlaufen, braucht er nur noch ein Leben, um die Erleuchtung zu erreichen.

◼ Der Mahayana-Buddhismus

Mit Mahayana, dem „Großen Fahrzeug", das nicht nur für Nonnen und Mönche, sondern auch für Laien den Weg zur Erleuchtung zeigt, bezeichnen sich diejenigen Gläubigen, die den einstmals reformatorischen Schulen angehörten, die sich etwa im ersten Jahrhundert der christlichen Zeitrechnung gegenüber der „Alten Schule" abgrenzen wollten. Der Mahayana, vor allem aber der Vajrayana-Buddhismus, bildete eine Reihe von Hilfswesen und Göttern aus, die als Verkörperungen der verschiedenen Aspekte Buddhas anzusehen sind und dem Menschen im religiösen Leben helfen und ihn leiten sollen. Ziel des menschlichen Strebens ist das Ideal des Bodhisattvas und nicht unbedingt der Eintritt ins Nirwana. Zahlreiche Schriften und Texte thematisieren diese Lehre, berühmt sind das Lotus-Sutra und die Vaipulya-Sutren. Der Mahayana-Buddhismus breitete sich über China nach Korea und Japan aus und entwickelte

dort die Formen des Zen-Buddhismus, den Amita-Buddhismus, Schulen zum Lotus-Sutra wie die Tendai-Schule, aber auch zahlreiche tantrische Formen.

Tibetische Mönche setzen ein Mandala aus gefärbtem Sand zusammen. Diese geometrische Form mit Symbolgehalt versinnbildlicht die kosmische Ordnung und dient der Meditation. Nach der Vollendung wird das Mandala zerstört.

🟨 Der Vajrayana-Buddhismus

Nach der unveränderlichen Natur des Diamanten, die der des Buddha entspricht, benannte sich die dritte große Strömung des Buddhismus: der Vajrayana – das Diamantfahrzeug. Sie kam ab dem 7. Jh. n. Chr. in Indien hervor und führte später in Tibet zum Lamaismus.

Der Weg zur Erleuchtung geht im Vajrayana über die Erkenntnis der Leere, der Liebe zu allen Lebewesen und der Vervollkommnung mithilfe der sechs Paramitas: Geben, Sittlichkeit, Geduld und Ausdauer, Tatkraft, Meditation und Weisheit. Durch bestimmte Techniken des Tantra wie der Meditation, dem Sprechen von Mantras, den Mandalas und den Mudras, der Anrufung bestimmter Gottheiten, Yoga-Praktiken und der Wahrnehmungen der feinstofflichen Energiezentren, der Chakren, die Anleitung durch einen Führer (Lama, Guru) sowie zahlreiche Riten soll die Erleuchtung früher erreicht werden. Bestimmende Kraft im Vajrayana ist der Geist.

Zahlreiche Gottheiten und Buddhas stehen den Gläubigen zur Seite, die als Heilsvermittler angesehen werden und nicht mit der westlichen Auffassung einer Götterwelt verwechselt werden dürfen. Der Vajrayana-Buddhismus unterscheidet sechs Daseinsbereiche: Götter, Halbgötter, Menschen, Tiere, Hungergeister und Höllenwesen. Das Pantheon des Vajrayana umfasst Heilwesen auf verschiedenen Stufen: Dharmapalas, die Beschützer der Lehre, die vor allem im Lamaismus vor negativen Einflüssen schützen sollen. Weibliche Wesen, die Dankini, und ihre männliche Entsprechung, die Vira, führen zur nächsthöheren Stufe oder geben Rat.

Die fünf Tathagatas

Im Vajrayana verkörpern fünf Buddhas, die fünf Jinas oder Tathagatas, die physikalischen, kosmologischen und philosophischen Prinzipien der Emanationen des Urbuddhas. Sie sind in einem bedeutenden Mandala, dem „Mandala der fünf Buddhas", bestimmten Stellen zugeordnet und nach dem tantrischen Lehrsystem auch Farben, Elementen und Symbolen. Es heißt, dass ein Mensch nach seinem Tod diesen fünf Buddhas begegnet. Wie er dabei auf die Buddhas reagiert, bestimmt darüber, in welchem Stadium er wiedergeboren wird.

Die fünf Buddhas:

Vairocana, der weiße, das Rad haltende Buddha im Osten

Aksobhya, der Buddha des Zentrums mit tiefblauer Körperfarbe mit Diamantzepter (Vajra) und Glocke (Ghanta) in der Hand

Ratnasabhava, der gelbe Buddha im Süden mit dem Wunschjuwel

Amitabha (auch Amita), der rote Buddha mit dem grenzenlosen Licht und Erbarmen im Westen und dem Lotus als Symbol

Amoghasiddhi, der grüne Buddha im Norden mit dem Kreuzvajra

Die acht großen Bodhisattvas und die 35 Buddhas verkörpern das Wissen und sind deren Lehrer. Außerdem fungiert noch Yidam als Schutzgottheit.

Die Gottheiten können als friedvoll, zornig oder mit beiden Charakteren gemischt auftreten, oftmals auch in Yab-Yum, der männlich-weiblichen Seite. Alle diese Erscheinungen verdeutlichen, dass es letztlich keinen Unterschied zwischen friedfertig und zornig gibt, sondern die Erleuchtungserfahrung in jedem gefühlsmäßigen Zustand gegenwärtig sein kann.

Ordinierung eines geistlichen Führers in einem buddhistischen Tempel (Stich aus dem 19. Jahrhundert).

Dalai Lama – wiedergeborener Bodhisattva

Das religiöse Oberhaupt Tibets, der Dalai Lama, gilt als Manifestation eines Bodhisattva. Er ist der Ausstrahlungskörper (Tulku) von Avalokiteshvara, des Bodhisattvas des unendlichen Mitgefühls. Im tibetischen Buddhismus ist Avalokiteshvara die Nationalgottheit und verkörpert die Liebe aller Buddhas. In der Legende legte der Bodhisattva einst das Gelübde ab, alle leidenden Wesen zu erlösen. Würde er dies nicht schaffen, sollte er in 1000 Stücke zerspringen. Nachdem er zahllose Wesen gerettet hatte, sah er noch unzählige und immer neue vor sich, worauf sein Körper in 1000 Stücke zersprang. Daraufhin kamen mit einem Rauschen alle Buddhas aus den Wolken, um ihn wieder zusammenzusetzen, damit er weiter helfen könne. Seitdem tragen die Statuen der Avalokiteshvara zwischen vier und tausend Armen und elf Köpfe, die es ihnen ermöglichen, sich aller Leidenden der Welt anzunehmen.

■ Chinesischer Buddhismus

Bereits ab dem 2. Jahrhundert n. Chr. kam der Buddhismus in die damalige Hauptstadt Xian, brauchte aber noch einige Jahrhunderte, bis er sich durchsetzte. Zahlreiche wichtige Schulen bildeten sich heraus wie die Schule des Amidismus oder etwas später die Tien-tai-Schule (japanisch Tendai). Ab dem 9. Jahrhundert verfolgte die Obrigkeit die buddhistischen Mönche, deren Einfluss zu groß geworden war, worauf der Buddhismus über Jahrhunderte verfiel. Noch heute gilt das Land als Ursprung weiterer Schulen wie die der Huayan-Schule, der Zhenyan-Schule und der Ch'an-Schule (japanisch Zen).

■ Lamaismus in Tibet

Als sich der Mahayana-Buddhismus im 8. Jahrhundert ausbreitete und mit dem Volksglauben vermischte, prägte sich eine neue Form heraus: das Vajrayana oder das Diamantene Fahrzeug. Eine der Sonderformen entwickelte sich mit dem Lamaismus in Tibet, einem Vajrayana-Buddhismus tibetischer Prägung. Zahlreiche verschiedene Strömungen lösten sich ab wie die „roten" und „gelben Mönchsmützen".

Bis zur Besetzung durch China lebten in über 1000 Klöstern Mönche und Nonnen mit einem Lama als religiösen Führer. Seit dem 17. Jahrhundert steht an der Spitze der Hierarchie und der zivilen Macht der Dalai Lama. Der Lamaismus breitete sich über die Himalaya-Länder nach China und bis in die Mongolei aus. Den Mittelpunkt der Religion bildet auch hier die Leerheit aller Dinge, das grenzenlose Mitleid und die Erleuchtung. Zu erreichen ist dies im monastischen Leben mit einer umfangreichen Ritualpraxis, bestimmten Meditationspraktiken, Symbolen, Mandras, Mudras und zahlreichen magischen Techniken. Über die Jahrhunderte entstanden ein eigenständiger Kanon, Literatur und Grammatik, aber auch Wissenschaften wie Astrologie und Medizin.

Bodhisattva der Höllen

Der Bodhisattva Ksitigarbha ist in Zentralasien, in China als Ti-tsang und in Japan als Jizo sehr populär. Er ist der Herrscher über das Jenseits und Erlöser aus der Hölle. Er gilt auch als Beschützer der verstorbenen Kinder. In der japanischen Mythologie müssen die Kinder nach ihrem Tod den Fluss Sai-no-Kawara überqueren, um ins Paradies zu kommen. Doch die Hexe Shozuka-no-Baba will sie daran hindern. Deshalb stiehlt sie den Kindern die Kleidung und zwingt sie, Steintürme zu bauen, die sie immer wieder zerstört. Die Jizo verstecken die Kinder in ihren Kleidern und bringen sie in Sicherheit. Als Symbole tragen viele kleine Figürchen rote Lätzchen für die Kleidung, aber auch Spielzeug (unten).

Der Bodhisattva selbst wird häufig als Mönch mit Nimbus, Urna und Wunschjuwel gezeigt – wie links im Hasedera-Tempel in Kamakura (Japan) ebenfalls mit rotem Käppchen und Lätzchen.

Der Tantrische Buddhismus

Der Tantrische Buddhismus entwickelte sich unter dem Einfluss des Hinduismus zum Mahayana, später nahm er Einfluss auf den Vajrayana. Der Tantrismus stützt sich auf zahlreiche Texte und Schriften mit doppelsinnigen Deutungen zum einen mit metaphysischem, zum anderen mit sexuellem Bezug, ebenso komplizierte philosophische Lehrsysteme, die dem Laien unverständlich bleiben. Ziel ist es, die Erleuchtung in der göttlichen Einheit zu finden und mit der Vereinigung des männlichen und weiblichen Prinzips zu erreichen. Der Tantrismus bedient sich dazu verschiedener Hilfsmittel wie Symbole, vorgeschriebene Bewegungen und Atemtechniken und auch der ritualisierten

Daibutsu (Butsu = jap. Buddha) wird der große Buddha im japanischen Kamakura genannt. Er ist eine bronzene Statue des meditierenden Buddhas Amita in vollkommener Harmonie, Ruhe und gesammelter Kraft. Seit 1252 sitzt der Buddha an dieser Stelle, war aber einstmals überdacht. 1498 riss eine Flutwelle die Tempelhalle weg, seitdem thront der 13,35 Meter hohe und 121 Tonnen schwere Koloss im Freien.

*Einer der bekanntesten Zen-Tempel in Tokio,
der Zensho-an der Rinzai-Sekte.*

*Ein typischer Garten aus Fels, Sand und Stein umgibt
den Zen-Tempel Zuisenji in Kamakura.*

Japanischer Buddhismus

Nach Japan kam der Buddhismus von Indien über
Tibet, China und Korea. Er gehört in einigen Schulen
zum Mahayana, wobei die Buddhisten glauben,
den Keim der Erleuchtung in sich zu tragen.
Andere Sekten sind der Alten Schule zuzurechnen.

Bereits etwa 600 n. Chr. erklärte der Kron-
prinz Shotoku den Buddhismus in Japan zur
Staatsreligion. Später vermischte er sich mit dem
Volksglauben und verschiedenen Strömungen
des Shintoismus. Zwei Mönche, Kukai und Saicho,
reisten um 800 nach China, um chinesische und
tantrische Schriften zu studieren. Nach ihrer
Rückkehr gründete Kukai die Shingon-Schule
und Saicho die Tendai-Schule, die beide heute
noch sehr aktiv sind. Auch entwickelten sich die
beiden großen Schulen chinesischen Ursprungs
weiter. Zu diesen gehört der Shin-Buddhismus,
der auch Amidismus oder Jodo-Sekte heißt.
Gegründet wurde er von Honen (1133–1212),
verändert von dessen Schüler Shinran, der die
Schule des „Reinen Landes" und damit des
Amita-Buddhismus ins Leben rief. Die reforma-
torische Schule besagt, dass ein jeder zur Erlösung gelangen kann, der den Buddha Amita
(auch Amida, in Sanskrit Amitabha) anruft, denn
jeder Mensch ist bereits erlöst, er muss nur Amita
vertrauen. Der führt die Gläubigen in das „Reine
Land". Dazu ist weder Askese noch Mönchtum
notwendig.

Der Zen-Buddhismus

Japan gilt auch als die Wiege des Zen-Buddhis-
mus. Dessen Wurzeln liegen in China, wo er Ch'an
heißt. Zwei verschiedene Varianten kamen nach
Japan und verbreiteten sich als Rinzai-Zen des
Priesters Eisoi (1141–1215) und als meditativer
Soto-Zen des Priesters Dogen (1200 bis 1253),
der sich stärker im Volk durchsetzte. Auch im
Zen-Buddhismus sollen die Gläubigen aus eigener Kraft zur Erleuchtung gelangen, wobei der
Rinzai den Weg über verschiedene Techniken,
Gesten und Sprüche sieht, auch unlösbare Rätsel
stellt, um den Geist in einen gedankenlosen
Zustand zu führen. Der Soto-Zen akzeptiert
dagegen nur die gegenstandslose Meditation
im Sitzen (Zazen). Im vergangenen Jahrhundert
entwickelte der Zen-Meister Harada Sogaku
(1871–1961) eine neue Meditationsrichtung, die
beide Techniken miteinander verbindet.

> **Im Zen-Buddhismus** leitet grundsätzlich
> ein Roshi („großer Meister") die Meditation
> und Lehre, ohne diesen Führer könnten die
> Meditierenden in Halluzinationen abgleiten.
> Inhalt ist das Meditieren im Sitzen, das zu
> einem Erlebnis der Leere führt und darüber
> zur Erleuchtung. Der Zen beeinflusste viele
> Bereiche der japanischen Kultur, von der Tee-
> zeremonie bis zu den Kampfsportarten.

Die buddhistische Kultstätte

Nach Buddhas Tod teilten sich einige Fürsten der verschiedenen Länder die verbrannten Überreste Buddhas und bauten über diese Reliquien in ihren Ländern die damals üblichen Grabkuppeln. Zehn solcher Stupas sollen damals als Erste entstanden sein. Heute kann jedes Land auf eine eigenständige architektonische Tempelkultur verweisen.

Die sakrale Anlage dient im Buddhismus dem Gedenken Buddhas, aber auch seiner Verehrung. Gleichzeitig ist sie auch Versammlungsort. Das heilige Innerste ist meist für Laien unzugänglich. Altäre, auch mit den Standbildern der Buddhas und Bodhisattvas, sind wie in den hinduistischen Tempeln für Opfergaben bestimmt. Verzierungen und Reliefs erzählen aus dem Leben Buddhas oder demonstrieren wichtige Lehrtexte und Schriften.

Die Pagode entwickelte sich aus dem Stupa und setzte sich in China, Korea und Japan durch, ebenso in Burma, Thailand und Sri Lanka. Ihren Aufbau charakterisieren die typischen „Schirme", die als Dächer die einzelnen Etagen umlaufen, die immer von ungerader Zahl sind. Das Fundament symbolisiert die Erde, die Etagen die einzelnen Stufen bis zur Vollkommenheit, die sich an der Spitze der Pagode als Kugel zeigt.

Buddhistische Tempel kennzeichnen geschwungene und übereinander gesetzte Dächer wie hier der Hasedera-Tempel in Kamakura.

Aus den ursprünglichen Stupas entwickelten sich andere Formen: die Tschörten in Tibet, Prang in Kambodscha oder die Pagode in China, die auch in Japan übernommen wurde.

Die Tempelanlage in China konzentriert sich um die goldene Halle mit der Buddha-Statue. In Japan bestimmen mehrere Gebäude die Anlage, dazu zählen das Tor, die Haupthalle, die Bibliothek und der offene Schutzbau für die Glocke. Oftmals finden sich auch Pagoden, die aus China übernommene Form der indischen Stupa mit den bis zu 13 Dächern über Zwischenstockwerken. Der Tempel ist in der Regel einem Buddha gewidmet: dem Shakyamuni, dem historischen Buddha, dem zukünftigen Buddha Maitreya oder Miroku, der von einigen Schulen in den nächsten 5000 Jahren erwartet wird, dem Amita-Buddha oder der Gnadengottheit Kannon.

◾ Stupa und Reliquien

In Indien und vielen südasiatischen Ländern sind die kuppelförmigen Stupas anzutreffen, die auch in Glocken- und Lotusform vorkommen. Der Stupa bedeckt nicht nur Reliquien des Buddha, sondern auch die Gebeine von Heiligen und Meistern, aber auch deren Lehre in Sutren. Ein Stupa wird nach einem bestimmten Prinzip erbaut: Der Reliquienbehälter liegt in der Halbkugel, auf der eine quadratische Einengung sitzt.

Bis zu 13 Mauerringe stellen so genannte Schirme dar, die eine Kugel abschließt. Einen Stupa umrunden Buddhisten rituell rechts herum. Die bekanntesten Stupas stehen in Sanchi, Piprahwa oder Sarnath. Die größte Anlage befindet sich in Borobudur in Indonesien.

■ Wallfahrtsstätten

Mit den ersten und nachfolgenden Stupas entstanden Wallfahrtsorte des Buddhismus. Da unter einem Stupa nicht unbedingt die Überreste Buddhas, sondern auch seine Schriften oder bestimmte Sutren liegen können, entstanden mit der Zeit viele dieser Anlagen. Zu den vier wichtigsten gehören: Lumbini Uruvela, Bodh-Gaya, Sarnath und Kusinagara.

■ Glocke, Gebetsmühle und Fahne

In den verschiedenen Schulen des Buddhismus setzten sich eine Reihe von kultischen Handlungen durch, deren Wirkung bestimmte Symbole unterstützen. So werden Buddhas und Bodhisattvas Insignien in die Hand gegeben. Die Vajra, das Diamantzepter, spielt als Ritualinstrument eine bedeutende Rolle im Lamaismus, ebenso die Glocke, die intuitive Weisheit symbolisiert. Auch die Gebetsmühle ist nicht nur in Tibet verbreitet. Der Zylinder, in dessen Inneren sich heilige, auf Papierstreifen gedruckte Gebetstexte befinden, wird von den Gläubigen gedreht, um die Gebete zu beleben. Auch die Gebetsfahnen tragen Sprüche und Mantras, die durch das Flattern im Wind die Gebete in alle Himmelsrichtungen tragen sollen.

Weihrauch reinigt die Aura. Dazu reiben sich die Gläubigen den Rauch an die Stellen, die Kraft und Unterstützung brauchen.

Die Tempelglocke wird in der Silvesternacht 108-mal geschlagen, um das neue Jahr einzuläuten und die 108 menschlichen Begierden auszutreiben. Die größte Tempelglocke Ostjapans hängt im erhaltenen Glockenturm des Zojoji-Tempels, wurde 1673 in Edo gegossen und ist 3,30 m hoch und 15 Tonnen schwer.

Bodhisattva der Höllen

Auch in den buddhistischen Mythen gibt es ein heiliges Land mit dem Namen „Shambhala". Ein tantrischer Text aus Indien, das apokalyptische Kala-chackra-Tantra, das „Rad der Zeit", erzählt von einem buddhistischen Königreich, das verborgen in den Bergen nördlich des Subkontinents liegt. Wenn die Zeit des Bösen in der Welt anbricht, wird der König Shambhalas mit seinen Armeen die bösen Kräfte vernichtend schlagen und die Herrschaft des Dharma errichten.

Das religiöse Leben

„Wer weise ist, soll schrittweise,
Stück für Stück, jeden Augenblick,
wie das Silber der Schmied läutert,
sein Ich reinigen von jedem Fleck."

Um zur Erleuchtung zu gelangen, praktizieren Buddhisten den Achtfachen Weg. Grundsätzlich versuchen sie, drei Dinge zu betreiben: keine schädlichen Handlungen auszuführen, den Geist zu disziplinieren und die Unwissenheit abzulegen.

Dafür halten sie die fünf Pflichten ein: nicht zu töten, nicht zu stehlen, keine unrechten sexuellen Beziehungen einzugehen, nicht zu lügen und keine berauschenden Getränke zu sich zu nehmen. Die geistige Versenkung zur Disziplinierung des Geistes ist ein Herzstück des Buddhismus. Die Meditation wird in Körperhaltungen, zu bestimmten Zeiten und unter der Führung eines geistigen Lehrers durchgeführt, wobei dem Atem besondere Aufmerksamkeit entgegengebracht wird. Die verschiedenen Techniken zielen auf zum Teil unterschiedliche Ergebnisse. Einige Schulen sehen in der Meditation den Schlüssel für einen leeren und damit von aller Begierde und allen Emotionen freien Geist. Andere Richtungen erlauben das Anrufen bestimmter Buddhas und Bodhisattvas.

Die buddhistische Tempelanlage in Borobudur erhebt sich über mehrere Terrassen, die in Form eines dreidimensionalen Mandalas die Welten darstellen und von den Pilgern durchschritten werden. Zuerst begegnen ihnen die „Welten der Begierden" in Himmel, Erde und Unterwelt, danach durchlaufen sie die einzelnen Lebensphasen Buddhas, bis sie die freien Terrassen mit der leeren Tempelspitze, das Sinnbild des Nirwana, erreichen. Hunderte Buddhastatuen sitzen in Nischen oder unter den rhombenförmig durchbrochenen Stupas und verkörpern die Lehre auf dem Weg zur Erleuchtung.

Die frühesten buddhistischen Tempel wurden in Höhlen errichtet. Beispiele dafür sind die heiligen Pak-Ou-Höhlen in Laos. Um sich einen Ort für ihr meditatives Leben zu schaffen, suchten sich Mönche natürliche Höhlen, in denen sie lebten, oder legten künstliche an. In Ajanta (oben) schlugen die Anhänger der Lehre 30 Höhlen in die senkrechten Felswände. Die Räume schmückten sie mit buddhistischen Wandmalereien und Skulpturen aus. In Höhle 26 ruht der sieben Meter lange Buddha und erinnert an dessen Eintritt ins Nirwana. Aber auch die Felsenklöster halten sich an das architektonische Ritual der Aufteilung: In Ajanta finden sich neben dem Stupa-Tempel eine Sammlungshalle in jedem Kloster, kleine Schreine und Altäre und die Wohnzellen.

Die Erlangung von Weisheit und damit einem gewissen Verständnis der Welt streben Buddhisten ebenfalls an. Damit räumen sie die falschen Vorstellungen des Selbst aus, denn die Unwissenheit hält den Kreislauf der Geburten in Gang, aus dem sich die Buddhisten zu lösen versuchen. Zu erreichen ist dies neben der geistigen Versenkung und dem rechten Lebenswandel durch das Studium der Schriften und der vertiefenden Lehre.

Gurus und Lamas

Viele buddhistische Richtungen und Schulen setzen die Führung durch einen religiösen Lehrer für den Heilsweg voraus. Im Lamaismus ist dies der Lama, der „Höherstehende", der nicht nur lehrt, sondern auch das Bewusstsein seines Schülers transformieren kann, wodurch dieser die nächste Stufe schneller erreicht. Auch der Guru ist ein spiritueller Lehrer, ohne den im Tantrismus nicht der Weg zur Verschmelzung erreicht werden kann.

Charakteristisch für einen Guru ist die Regel, dass seine Schüler ihm zu Dienst und Gehorsam verpflichtet sind.

Klöster und Ordensleben

Das Vihara, das buddhistische Kloster, war in den Anfängen der Aufenthaltsort der Mönche, die während der Regenzeit nicht wandern durften. Durch Landschenkungen an Buddha konnten Klöster mit Wohnräumen für die Mönche und Nonnen erbaut werden. Dazu gehörte auch ein Versammlungsort, wo die Lehre verkündet, aus Sutren gelesen oder gemeinsam meditiert wurde.

Während einige Religionen das Mönchswesen nicht kennen, führt im Buddhismus

Buddhistische Mönche sind in ein orangefarbenes Tuch gewickelt, in ein Hüft- und ein Schultertuch. Sie tragen nur ihre Almosenschale und einige wenige Sachen mit sich. Mönche bestimmter Schulen kleiden sich aber auch in anderen Farben, wie etwa im Zen-Buddhismus mit blauen Stoffen.

die Erleuchtung vor allem über den Weg des Ordenslebens. Die Sangha, die Gemeinde, gehört neben Buddha und Dharma zu den drei „Kleinoden" der Buddhisten. Buddha selbst gründete die erste Mönchsgemeinde und legte den Tagesablauf fest. Demnach wurde morgens das Essen bis Mittag erbettelt. Da die Mönche ein hohes Ansehen in der Bevölkerung genossen, erhielten sie regelmäßig Gaben. Nach dem Mittag wurde bis zum Abend meditiert, den Lehren gelauscht und wieder meditiert. Die Mitte der Nacht gehörte dem Schlaf, doch bereits vor vier Uhr ertönte der Weckruf, um zur Meditation zu rufen. Mönche müssen sich bis heute zahlreichen Geboten unterwerfen. Sie dürfen nicht töten, stehlen, lügen, sich sexuell betätigen, nach dem Mittag essen sowie singen und tanzen. Auch dürfen sie kein Fleisch von Tieren zu sich

Tagesablauf eines Klosters in der Landessprache (mit Übersetzung).

Tagesablauf in einem buddhistischen Kloster auf Bali

Waktu (Zeit)	Kegiatan (Aktivität)
3:45	Bel berbunyi (Morgenglockenläuten)
4:00 – 5:00	Meditasi duduk (Sitzmeditation)
5:00 – 6:00	Meditasi jalan (Laufmeditation)
6:00 – 7:00	Meditasi duduk (Sitzmeditation)
7:00 – 8:00	Makan pagi (Frühstück)
8:00 – 9:00	Wawancara (Besprechung)
9:00 – 10:00	Meditasi duduk (Sitzmeditation)
10:00 – 11:00	Meditasi jalan (Laufmeditation)
11:00 – 12:00	Makan siang (Mittagessen)
12:00 – 13:00	Meditasi duduk (Sitzmeditation)
13:00 – 14:00	Meditasi jalan (Laufmeditation)
14:00 – 15:00	Meditasi duduk (Sitzmeditation)
15:00 – 16:00	Mandi atau bebersih (Duschen)
16:00 – 17:00	Meditasi jalan (Laufmeditation)
17:00 – 18:00	Ceramah Dhamma (Dhamma-Besprechung oder Diskussionsrunde)
18:00 – 19:00	Meditasi duduk (Sitzmeditation)
19:00 – 20:00	Meditasi jalan (Laufmeditation)
20:00 – 21:00	Meditasi duduk (Sitzmeditation)
21:00 – 22:00	Meditasi jalan (Laufmeditation)
22:00	Istirahat tidur (Ruhezeit)

Bestimmte Fingerhaltungen (Mudras) der Buddhas und Bodhisattvas, aber auch Handlungen der religiösen Führer im Tempel sollen Geisteszustände übertragen und herbeiführen. Während der Ritualpraxis und der Meditation, aber auch in der Ikonographie, haben sie speziellen Symbolcharakter. Links ist der Gestus der Furchtauflösung, in der Mitte die betende und rechts die meditierende Haltung zu sehen.

nehmen, die extra für sie getötet wurden. Die Ordensregeln umfassen Hunderte weiterer Vorschriften.

Mantras

Um den Geist zu befreien, sprechen Buddhisten und Lamaisten Mantras. Die immer wieder rezitierten Worte sollen je nach Art des Mantras Hilfe, Befreiung oder Frieden bringen.

Eines der berühmtesten Mantras ist das „Mantra des Mitgefühls": OM MANI PADME HUM. Mit ihm wird der Segen von Avalokiteshvara, dem Bodhisattva des Mitgefühls, angesprochen. Avalokiteshvara, der elfköpfig und tausendarmig auftritt, wird auch als Kannon in Japan oder als Kyan-yin in China verehrt. Die sechs Silben des Mantras sollen den Geist von negativen Emotionen reinigen, vor allem von Stolz, Eifersucht, Gier, Unwissenheit, Habsucht und Hass.

Mandalas

Ein Mandala ist ein geometrisches, nach buddhistisch-kosmologischem Prinzip aufgebautes Gebilde, das das Universum darstellt, aber auch als „Daseinssphäre" einer Gottheit bezeichnet wird. Es dient zur Meditation. Mit der Betrachtung des Mandalas reinigt der Meditierende sein Bewusstsein, nähert sich der Gottheit in deren Palast und verschmilzt mit ihr. Mandalas können je nach ihrem Gebrauch auf Leinwand gemalt, plastisch gearbeitet oder mit Sand gestreut sein. Ihre Vernichtung nach Vollendung verdeutlicht, dass nichts Bestand hat.

Lamas mit Hörnern vor dem Tschorten eines Klosters. Sie blasen das neue tibetische Jahr ein.

Buddhistische Feste und Feiern

◼ Buddhas Leben ehren

Eines der wichtigsten buddhistischen Feste des Theravada-Buddhismus findet in vielen Ländern Südostasiens, in Sri Lanka und in Japan im Frühjahr statt: der Buddhatag oder Vishakha Puja. Er wird am Vollmond im Mondmonat Vishakha gefeiert und erinnert an das Leben Buddhas, an Geburt, Erleuchtung und Tod mit Umzügen, Sutrenlesungen und Tempelgängen. Andere Länder, wie Tibet, begehen die Lebensdaten Buddhas in eigenen Festen. Auch Reliquienfeiern, spezielle Tempelrituale oder Schriftenverehrungen gehören ebenso zum buddhistischen Kalender, werden zum Teil auch in ausgelassenen Volksfesten gefeiert, die jedes Land anders ausführt.

◼ Übergangsriten

Im Theravada vollziehen die Menschen von der Geburt bis zum Tod festgelegte, aber regional unterschiedliche Rituale. Es gibt Zeremonien zur Schwangerschaft, für die Geburt, an Neugeborenen zur Reinigung, zur Namensgebung oder die Mönchsweihe. In Südostasien wird die Mönchsweihe auch als Übergangsritus eines jungen Mannes gesehen. Nach einigen Monaten im Kloster kann er sich dann entscheiden, ob er nun erwachsen für das Eheleben ist oder in den Orden eintreten will. Entscheidet er sich für das Kloster, lässt er sich den Kopf scheren, legt das Mönchsgewand an und spricht das Gelübde.

Die buddhistische Hochzeit ist nicht genau definiert. Buddha selbst verließ Frau und Kind und lebte zölibatär. Mönche werden gern als Gäste und Segensspender zu den Feierlichkeiten geladen. In einigen Ländern vollziehen sie auch bestimmte Rituale.

Begräbnis

In vielen Ländern gehört das Begräbnis zu den
buddhistischen Hauptzeremonien, gilt es doch,
den Übergang in die Zwischenwelten zu erleichtern. Vor allem in China, Korea und Japan werden die Menschen nach buddhistischem Ritual
bestattet. Die Toten werden verbrannt und in
einem Familiengrab beerdigt. Die Feierlichkeiten
können in einigen Ländern mehrere Tage dau-
ern, wobei Sutren rezitiert werden.

Im tibetischen Buddhismus wird der Sterbe-
begleitung besonderer Wert beigelegt, um die
Sterbenden spirituell zu begleiten und ihnen
Schmerz und Leid abzunehmen. Je nachdem,
wie gut sich die Menschen – zum Teil ihr Leben
lang – auf den Tod vorbereiten, so leicht erfolgt
der Übertritt in die Zwischenwelten, der sich
karmisch auf die Wiedergeburt auswirken soll.
Etwas unorthodoxer verstehen die Japaner den
Tod. Ihr geflügeltes Wort über einen Gestor-
benen lautet: „Er ist zum Buddha geworden."
Auch feiern sie das Totenfest Obon im August,
indem sich die Familie auf dem Friedhof versammelt und deren Oberhaupt den Verstorbenen in einer Zeremonie Speisen anbietet.

Bardo

Bardo wird als Zwischenreich oder Zustand interpretiert. Im Vajrayana der tibetischen Richtung
unterscheiden die Buddhisten vier Bardos: den
natürlichen Bardo des Lebens, den schmerzvollen
Bardo des Sterbens, den lichtvollen Bardo in der
Phase nach dem Tod (im Zwischenreich) und den
karmischen Bardo der Wiedergeburt.

Die vier Zustände treten immer wieder nacheinander auf. Die Bardo-Lehren versuchen die Natur
des Universums und des Menschen zu verstehen
und ihren Gläubigen durch die Zustände zu helfen.

In einem buddhistischen Grab ruht die ganze Familie.
*Die Holzstelen im Hintergrund tragen die Namen der
Verstorbenen.*

Konfuzianismus

Konfuzianismus

Die Lehre des Meisters K'ung beeinflusste nachhaltig zweieinhalb Jahrtausende lang die Kultur Chinas. Als Zeitgenosse Buddhas und Laotses entwickelte Konfuzius eine bestimmte Ethik, die als Staatstheorie auf Harmonie, Tugenden und Prüfungen ausgelegt war und mit Ahnenkult, Riten und Zeremonien den Konfuzianismus bestimmte. Erst mit der chinesischen Revolution im 20. Jahrhundert und der Abschaffung des Prüfungswesens nahm die Verehrung des Konfuzius in China weitgehend ab. Im Westen ist die Lehre bis heute als weise Philosophie des Ostens bekannt.

Der Konfuzianismus hat weltweit ca. 400 Millionen Anhänger, wobei er als Religion regional sehr begrenzt ist: Er tritt vor allem in China auf, dem Geburtsland seines Begründers Konfuzius. Auch in Südkorea (ca. 10 Millionen Anhänger) und in Indonesien ist der Konfuzianismus eine der offiziell anerkannten Religionen.

Das aus vier Strichen bestehende Symbol ist das chinesische Schriftzeichen für shui, was „Wasser" bedeutet. Es symbolisiert fließendes Wasser und steht im übertragenen Sinn für den Quell des Lebens.

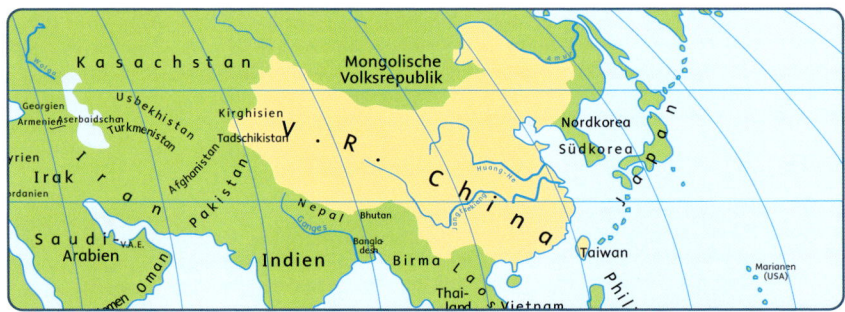

Der Konfuzianismus breitete sich vor rund 2500 Jahren in China (in der Karte gelb eingefärbt) aus und ist heute in den religiösen Traditionen des Landes als wichtiger Aspekt zu finden.

Was ist Konfuzianismus?

Aus den Lehren des Konfuzius entwickelte sich der Konfuzianismus, der vor allem in China viele Jahrhunderte lang maßgebend für die Sittenordnung, das Familienleben und Staatswesen war.

Grundlage des Handelns ist hier die Pietät, also die Ehrfurcht und Achtung vor den Toten, vor Brauchtum und Überliefertem, vor allem aber die Achtung der Traditionen, die sich in rituellem und kultischem Brauchtum widerspiegeln. In diesem ethisch-religiösen Wertesystem sind verantwortungsvolles, von Menschlichkeit geprägtes Handeln, ein nach den überlieferten

„Was du nicht willst,
das füge anderen nicht zu.“

Konfuzius

Konfuzius mit Schriftrolle und Schülern auf einer Zeichnung, wie sie in einem häuslichen Schrein ausgestellt wird.

Konfuzius

Sein Name ist die latinisierte Form seines chinesischen Namens K'ung-fu-tzu, wobei er zu seinen Lebzeiten mit K'ung-tzu, „Meister K'ung", angesprochen wurde. Erst die jesuitischen Missionare, die im 16./17. Jahrhundert auf die konfuzianischen Gelehrten trafen, machten den chinesischen Weisen als Konfuzius im Westen bekannt.

Riten geführtes Leben und beständiges Lernen die Grundelemente. Konfuzius untersuchte die sozialen Beziehungen und beleuchtete die Paare, die nach seiner Lehre ein Verhältnis der Gegenseitigkeit eingehen. Dies betrifft Fürst und Staatsdiener, Vater und Sohn, Mann und Frau, älteren und jüngeren Bruder sowie Freund und Freund. Im Umgang zwischen den Menschen sollten die

Was bedeutet ...

Chi	die sich wandelnde Energie
Chou Tun-i	chinesischer Philosoph (1017–1073)
Ch'un-chi'-iu	die Frühlings- und Herbstannalen
Chu Hsi	chinesischer Philosoph (1130–1200)
Daoismus	eine Religion
Han Yü	chinesischer Philosoph
Hsün-tzu	chinesischer Philosoph
I-ching	Buch der Wandlungen
I-li	Buch der Zeremonien
Yang	Urgewalt, verdeutlicht das aktive, schöpferische, männliche Prinzip
Yin	Urgewalt, verdeutlicht das passive, empfangende, weibliche Prinzip
K'ung-tzu	Meister Kung, Konfuzius
Li	Tradition, Gesetz, Ritus
Meng-tzu	chinesischer Philosoph
Shih-ching	Buch der Lieder
Shu-ching	Buch der Dokumente

Tugenden der Menschenliebe, Gerechtigkeit, Ehrerbietung, Glaubwürdigkeit und Tapferkeit das Handeln leiten. Erst das hohe ethische Ideal bringt den „edlen Menschen" hervor, der aufgrund des rechten Verhaltens in Harmonie mit der Weltenordnung leben kann. Das Ordnungsprinzip des Konfuzianismus stützte über Jahrhunderte den staatlichen Zusammenhalt in China und spiegelte sich in der chinesischen Kultur wider.

■ Wer war Konfuzius?

Konfuzius wurde 551 v. Chr. in der Gegend Lu geboren. Sein Vater starb früh. Ständiges Lernen prägte sein Leben. Er übte verschiedene Staatsämter und Posten aus, musste aber viele Jahre in Wanderschaft verbringen und lange Zeit sein Heimatland verlassen, ehe er zurückkehren konnte. Während seiner letzten Lebensjahre übte er kein Amt mehr aus. Konfuzius unterrichtete beständig seine Schüler, seine Anhängerschar soll einige Tausend betragen haben. Auch arbeitete er an zahlreichen Texten, wobei jedoch keine der ihm zugeschriebenen Schriften auf ihn selbst zurückgehen, sondern vermutlich später von Schülern verfasst wurden.

Für Konfuzius war das Lernen eine Grundvoraussetzung, seine Tugenden zu schulen und Bildung zu erreichen. Sein Kultivierungsideal war der „Edle", ein Mensch, der die Regeln der Sitte kennt und Wert auf die moralische Vervollkommnung legt. In allen Handlungen, so gab Konfuzius zu verstehen, sollte die Menschlichkeit im Vordergrund stehen. In den letzten Lebensjahren widmete er sich vor allem dem Unterricht seiner Schüler. Zu dieser Zeit soll er auch sein philosophisches Vermächtnis verfasst haben: die Frühlings- und Herbstannalen. Bis heute ist allerdings unklar, ob Konfuzius tatsächlich eine der Schriften verfasste.

479 v. Chr. starb Konfuzius. Sein Grab blieb bis heute erhalten. Etwa 300 Jahre nach seinem Tod begannen die Kaiser dort Opfer zu bringen. Ab 555 n. Chr. musste in jeder Provinzhauptstadt des Reiches ein Tempel für Konfuzius

Im Konfuziustempel in Hongkong steht die Statue des Religionsgründers im farbenprächtigen Ornat.

gebaut werden. Nach chinesischem Glauben gehörte er zu den höchsten Gottheiten des Himmels und der Erde.

> „Lernen ohne nachzudenken
> ist zwecklos,
> nachdenken ohne zu
> lernen ist ermüdend.“

Die Lehre in der Geschichte

Tugenden und Bildung

In der Lehre des Konfuzius und seiner Nachfolger nehmen die Tugenden einen wichtigen Platz ein. Die Loyalität zum Herrscher zeigte sich im Alltag in Gehorsam, aber auch in der Ermahnung und dem Mut, Kritik zu äußern. Die Kindesliebe erwies sich in einer gesteigerten Elternverehrung und einem ausgeprägten Ahnenkult.

Für Konfuzius nahmen die Riten (Li) und religiösen Zeremonien, die sich auf Traditionen gründeten, einen besonderen Teil im Leben ein, da sie das sittliche Leben eines Volkes verdeutlichten.

Vor allem die Musik spiegelte die angestrebte Harmonie zwischen Mensch und Kosmos wider. Neben den Tugenden und den Riten war das beständige Lernen Zentralthema des Lebens.

Nach Konfuzius' Tod verbreiteten seine Schüler die Lehre weiter. In der Nachfolge traten einige Meister auf, die seine Ansichten zur Grundlage neuer Theorien nahmen und damit den Konfuzianismus nachhaltig erweiterten.

Meng-tzu

Meister Meng, der von 372 bis 289 vor dem christlichen Zeitalter lebte, gründete seine Lehre auf die Einsicht, dass der Mensch gut geboren wird und mit Güte und Menschlichkeit versehen ist. Erst das Leben mit seinen Erfahrungen und widrigen Umständen führe zu verderbtem Verhalten. Der „Edle" muss also darauf achten, klug, besonnen und gut zu handeln. Daraus leitete Meng-tzu die Regeln ab, wie ein Herrscher sein Volk führen sollte: nämlich mit Tugend, Charisma und Geschick.

Außerdem befasste sich Meng-tzu mit den „fünf Beziehungen" und untersuchte die Verhältnisse näher, vor allem die verwandtschaftliche Nähe zwischen Vater und Sohn, die Rechtlichkeit zwischen Fürst und Staatsdiener, die Trennung der Bereiche zwischen Mann und Frau, die rechtliche Reihenfolge zwischen älterem und jüngerem Bruder sowie die Glaubwürdigkeit zwischen Freunden.

Hsün-tzu

Im Gegensatz zu Meng-tzu sah Meister Hsün, der zwischen 300 und 235 vor der christlichen Zeitrechnung lebte, das Wesen des Menschen als grundsätzlich schlecht an. Nach ihm wird der Mensch schlecht geboren und nur eine strenge moralische Erziehung und stetiges Lernen können ihn disziplinieren. Ein Mittel dafür ist, alles zu ordnen. Die korrekte Bezeichnung eines Vorganges, einer Person oder einer Handlung bringt

Ordnung in die Welt und ermöglicht den Menschen, Dinge korrekt einzuschätzen und damit einzuordnen.

„Der Edle ist in seinen Worten in nichts nachlässig!"

■ Aufstieg und Blüte

Mit der Han-Dynastie ab dem 2. Jahrhundert vor Christus setzte die Blüte der Lehre ein. Konfuzius galt nun als Weiser, sein Idealbild des Menschen als erstrebenswert. Der erste Han-Kaiser opferte auf dem bis heute erhaltenen Grab des Konfuzius und setzte damit einen Staatskult in Kraft. Konfuzius stieg zur Gottheit auf und wurde in Tempeln verehrt. Die konfuzianischen Schriften blieben jahrhundertelang die Hauptquellen der Gelehrten. Bereits im 1. vorchristlichen Jahrhundert gab es in China eine Kaiserliche Hochschule, deren Gelehrte an den jeweiligen Lehrstühlen die einzelnen Texte studierten und auslegten. Im 2. Jahrhundert lernten dort bereits dreißigtausend Studenten, die mit einer Prüfung abschlossen, um im Staatsdienst ein Amt zu bekleiden. Der Konfuzianismus wurde Staatstheorie und lag dem wissenschaftlichen und philosophischen Leben zugrunde. Im Alltag konnte sich der Herrscher der Loyalität seiner Untertanen sicher sein.

Der Philosoph Han Yü entwickelte im 9. Jahrhundert die Thesen Meng-tzus weiter und unterteilte die Menschen mit ihrer Geburt in gut, schlecht und eine mittlere Art. Die Guten sind an den fünf Tugenden zu erkennen: Menschlichkeit, sittengemäßes Verhalten, Glaubwürdigkeit, Gerechtigkeit und Klugheit. Außerdem verfüge der Mensch über sieben Arten von Gefühlen, nämlich über Freude, Trauer, Zorn, Furcht, Liebe, Hass und Begehren. Mit der ständigen Arbeit an sich selbst lerne der Mensch, seine Gefühle in Maßen zu äußern.

■ Neokonfuzianische Meister

Unter dem Einfluss des Buddhismus und Daoismus entwickelte sich der Neokonfuzianismus. Der Gelehrte Chou Tun-i (1017–1073) setzte daoistische Einflüsse um und nahm das Yin und Yang als Grundprinzipien auf, die alle fünf Elemente Wasser, Feuer, Holz, Metall und Erde sowie das Männliche und Weibliche erschaffen. Der Weise erkenne die Schöpfung und deren Gesetze und könne deshalb in Harmonie mit Himmel und Erde handeln.

Der Gelehrte Chu Hsi (1130–1200) entwarf eine Lehre, nach der alles aus zwei Elementen besteht, aus Li, einem ehernen und unzerstörbaren Prinzip, und aus Chi, der sich wandelnden Energie, aus der alle körperlichen Dinge bestehen. Der Mensch ist in seiner Natur dem Li gleich, sein Befinden unterscheidet sich durch die Dichte des Chi. Er kann es klären und erhöhen, indem er durch stetes Lernen das Li erkennt und durch Meditation seinem eigenen Wesen nahe kommt. Erst wenn er das universelle Li verstanden hat, gilt der Mensch als weise.

■ Geschichte und Staat

Mit dem 17. Jahrhundert, vor allem zur Zeit der Chin-Dynastie, versuchten die Gelehrten den Konfuzianismus zu reformieren. Er sollte von neueren buddhistischen und daoistischen Einflüssen gereinigt werden, von leeren Opferhandlungen und Bittstellungen. Im 19. Jahrhundert gingen die Bestrebungen so weit, eine konfuzianische Religion nach westlichem Vorbild zu etablieren mit neuer Zeitrechnung ab dem Geburtstag des Konfuzius sowie einer organisierten Hierarchie und zahlreichen Neuerungen.

Mit Beginn des 20. Jahrhunderts kam jedoch ein Umschwung im Denken. Zunächst wurde das über eintausend Jahre alte Prüfungswesen abgeschafft, das Voraussetzung für Amt und Ansehen war. Die Kritik am Konfuzianismus nahm zu. Die Lehre galt nun nicht nur als rückständig

Geschichte

551–479 v. Chr.	Lebenszeit des Konfuzius
379–289 v. Chr.	Lebenszeit des Meng-tzu
300–235 v. Chr.	Lebenszeit des Hsün-tzu
214 v. Chr.	Gelehrtenverfolgung
206 v. Chr.– 220 n.Chr.	Herrschaft der Han-Dynastie. Der erste Kaiser opfert auf Konfuzius' Grab.
um 140 v. Chr.	Die Kaiserliche Hochschule wird gegründet.
130 v. Chr.	erste Biographie des Konfuzius von Ssu-ma Ch'ien
1. Jh n. Chr.	Die staatliche Verehrung des Konfuzius beginnt.
2. Jh.	Der Daoismus breitet sich aus.
3. Jh.	Der Buddhismus gewinnt zunehmend an Einfluss und verdrängt konfuzianisches Denken.
um 600	Das Prüfungswesen wird ausgebaut.
618–907	Herrschaft der T'ang
1130–1200	Lebenszeit des neokonfuzianistischen Philosophen

	Chu Hsi, dessen Lehren zu den Prüfungen gehören
um 1200	Die „Vier Bücher" werden in die Ausbildung aufgenommen.
1368–1644	Herrschaft der Ming-Dynastie, Blüte der volkstümlichen Verehrung
1644–1911	Herrschaft der Ch'ing-Dynastie (Mandschuren)
1911	Chinesische Revolution, Sturz der Monarchie
1912–1949	Chinesische Republik
1949	China wird kommunistisch.
1965–1976	Kulturrevolution
1978	Konfuzius' Lehre wird in China wiederbelebt.
1984	In Konfuzius' Heimatort Chü-fu wird eine neue Konfuziusstatue eingeweiht.
1985	Gründung der Konfuziusstiftung in China
1994	Gründung der Internationalen Konfuzianismus-Gesellschaft

Die Armee aus Terrakottakriegern stammt aus der Grabanlage des Kaisers Shih Huang-Di der Qin-Dynastie (221–206 v. Chr.). Der Herrscher ließ die Schriften des Konfuzius verbrennen und 460 Anhänger der Religion lebendig begraben. Er gilt als negatives Beispiel eines Tyrannen. Deshalb verlor die Dynastie nach der Theorie des Konfuzianismus das himmlische Mandat und stürzte bald nach dem Tod des Kaisers.

und überholt, sondern auch als Motor des Feudalismus, aus dem sich das moderne China befreien musste. Nach der Zerschlagung der Monarchie wurde die Lehre aus dem Staatsdenken verbannt und Konfuzius aus dem Götterhimmel verstoßen. Zunächst behielt er die Stellung eines Gelehrten, wurde dann in der Volksrepublik China in den siebziger Jahren verhöhnt und später neu beleuchtet. Ende des 20. Jahrhunderts ist sich China der Bedeutung des Konfuzianismus für die chinesische Kultur wieder bewusst.

Konfuzianische Schriften

Die Hauptgedanken des Konfuzianismus finden sich in neun Werken: den „fünf Klassikern" und den „vier Büchern", die sich über die Jahrhunderte zu kanonischen Schriften entwickelten.

Die Klassiker teilen sich in das I-ching (das Buch der Wandlungen), das auf vorkonfuzianische Zeit zurückgeht, das Shu-ching (das Buch der Dokumente mit Regierungsschreiben und Urkunden), das Shih-ching (als Buch der Lieder), das Li-chi (als Buch der Riten) und das Ch'un-chi'iu (die Frühlings- und Herbstannalen).

Zu den vier Büchern gehören die Sammlungen und Aussprüche des Konfuzius, die von seinen Schülern niedergeschrieben wurden, ebenso die Sammlung Lun-yü über die konfuzianischen Prinzipien. Mit philosophischen Fragen beschäftigt sich das Chung-yung und die Ta-hsüeh, die große Lehre. Zu den alten, vorkonfuzianischen Schriften kamen in den darauf folgenden Jahrhunderten zahlreiche Schriften berühmter Meister und Gelehrter hinzu. Während noch unter den Han von fünf Schriften die Rede war, galten bereits unter den T'ang neun Schriften als kanonisch. Konfuzius selbst hat vermutlich keine verfasst.

Kult und Glaube

Konfuzius äußerte sich wenig über religiöse oder metaphysische Dinge. Das Leben nach dem Tod galt nach seiner Ansicht nur für Adelige, solange deren Nachkommen den Ahnenkult vollzogen. Er spekulierte nicht über Götter und Geister, sondern erlaubte allein die Beziehung zwischen Himmel und Königsfamilie. Als einen Auftrag des Himmels, der mit einem Himmelsgott gleichzusetzen sei, verstand er seine Lehre

Der Himmelstempel in Peking, hier die Halle des kaiserlichen Gebets, gehört zu den höchsten Religionsstätten Chinas. Er ist nach den Prinzipien der Harmonie errichtet.

Zeremonie chinesischer Schülerinnen in traditionellen Gewändern an Konfuzius' Geburtstag. Rot ist in China die Farbe des Glücks.

insofern, wie diese auf der Erde die Ordnung und Harmonie herstellt, die im Kosmos herrscht. Im Alltag bedeutet dies, den Regeln der Obrigkeit und den Gesetzen des T'ien, des Himmels, zu folgen und damit in kosmisch-harmonischer Übereinstimmung zu leben.

Das Regelwerk I-li (Buch der Zeremonien) war im Konfuzianismus für die wichtigsten Feste im Leben verbindlich. Es beinhaltet neben verschiedenen Zeremonien die Regeln für Hochzeit, Besuche, Gesellschaften und vor allem Trauerfeiern. Starben die Eltern oder ein Elternteil, begann eine dreijährige Trauerzeit für die Nachkommen. Der älteste Sohn musste seine Laufbahn unterbrechen, denn es war ihm untersagt, während der Trauerzeit ein Amt auszuüben. Auch die Witwentreue konnte eine Frau nach dem Tod ihres Mannes verpflichten, ihm nun bis zu ihrem Ende die Treue zu halten oder sofort in den Tod zu folgen. Im praktizierten Leben war allerdings die Wiederverheiratung üblich. Heute ist die dreijährige Trauerfrist nicht mehr gebräuchlich.

Konfuzianisch denkende Menschen stehen ihren Verwandten am nächsten. Für sie nimmt zunächst die Familie, dann die Kleingruppe, aber auch der Staat eine wichtige Stellung ein.

Ahnenkult und Altaropfer sind weit verbreitet, bilden aber eine Mischung aus daoistischen, buddhistischen und volksreligiösen Elementen. Der Einfluss von buddhistischem und daoistischem Gedankengut zog eine Vorstellung über Himmel und Hölle nach sich, die dem Konfuzianismus aus der Sicht seines Stifters eigentlich fremd ist.

Heute ist der Konfuzianismus im greifbar kultischen Sinne eigentlich verschwunden. Das Gedankengut, das auf das Diesseits ausgerichtet ist, beeinflusste in der Vergangenheit die chinesische Kultur und Geisteswelt, ist nun aber nur noch in Tendenzen spürbar.

Staatskult

Einer der wichtigsten Staatskulte war das zentrale Opfer an Himmel und Erde, das bis zur chinesischen Revolution durchgeführt wurde. Der Konfuziustempel in Lu, in dem auch dessen 72 Schülern gehuldigt wurde, zählte ab der christlichen Zeitenrechnung zu den wichtigsten Opferstätten. Zum festen Staatskult gehörte auch das Opfer auf dem Grab des Konfuzius an der Tag-und-Nacht-Gleiche. Konfuzius wurde in Tempeln und Schulen verehrt, die Führung darin oblag nicht einer Priesterschaft, sondern Beamten.

Daoismus

Daoismus

Den Weg des Dao schlagen seit mehr als 2500 Jahren viele Menschen in China ein. Die Suche nach der Harmonie mit der Natur, nach dem ewigen unsterblichen Leben in höchstem Bewusstsein und der natürlichen Spontaneität beeinflusste nicht nur das alltägliche Leben, sondern brachte auch eine Religion hervor, die von einem breiten Pantheon lebt. Seit einigen Jahrzehnten ist auch in der westlichen Welt die Lehre von der Harmonie populär, die den Menschen in Einklang mit dem Dasein bringen will.

Die Abgrenzung des Daoismus gegenüber anderen Religionen, wie z.B. dem Konfuzianismus, ist nicht immer deutlich erkennbar. Aus diesem Grunde lässt sich die genaue Zahl der Anhänger des Daoismus nur schätzen, zumal im Hauptverbreitungsgebiet China auch die statistische Erfassung mangelhaft ist. Man geht von ca. 60 Millionen Anhängern in China und 8 Millionen in Taiwan aus.

„Das Dao tut nichts, doch durch das Dao wird alles getan."

Das Taijitu ist ein Symbol für Yin und Yang, zwei Begriffe aus dem Daoismus: Das weiße Yang und das schwarze Yin stehen für Gegensätze, die sich anziehen, aber nicht bekämpfen, wie z.B. männlich und weiblich oder heiß und kalt.

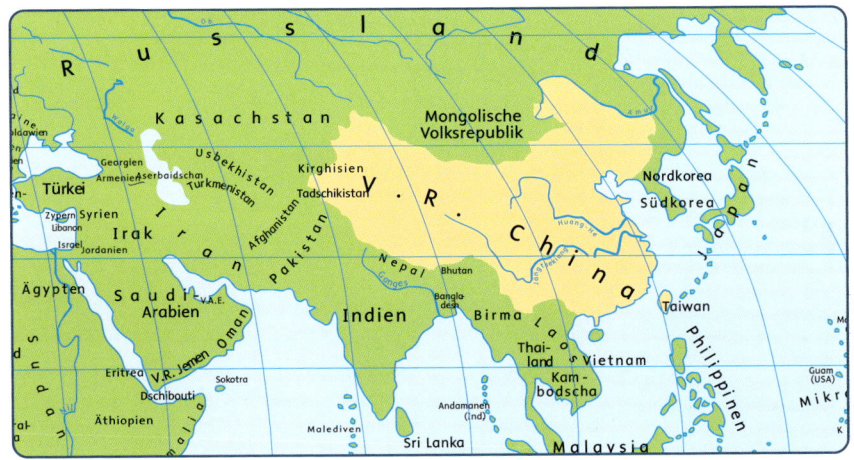

Die religiösen Traditionen und das Pantheon des Daoismus verbreiteten sich hauptsächlich in China (in der Karte gelb eingefärbt). In den Westen gelangten einzelne Methoden, die auch dort praktiziert werden.

Laotse wird in der Tradition auf einem Tier reitend dargestellt. In der Hand hält er das Daodejing, das er bei seinem Grenzübertritt zurückließ.

Was ist Daoismus?

*„Wenn es keine Begierde gibt,
lebt alles in Frieden."*

Der Daoismus gilt als Sammelbegriff für zwei Richtungen, die sich auf eine gemeinsame Grundlage stützen, in ihrer Erscheinung aber in den philosophischen und in den religiösen Daoismus spalten. Der chinesische Gelehrte Laotse gilt als Gründer des philosophischen Zweigs. Dessen Thesen beschäftigen sich mit dem Dao, das als Welturgrund beschrieben werden kann und allen Erscheinungen zugrunde liegt. Der Mensch kann mit Logik das Dao nicht unbedingt erfassen oder ausreichend benennen, sich aber in mystischer Versenkung und Meditation mit ihm verbinden. Zugrunde liegt dabei auch die Auffassung, dass der Mikrokosmos ein eindeutiges Abbild des Makrokosmos ist.

Der Daoismus beschäftigt sich mit der Harmonie von Mensch und Natur. Alle darin befindlichen Aktivitäten und Veränderungen unterliegen einem kosmischen Muster, in dem das Ch'i ständig geschaffen und wieder aufgelöst wird. Lernt der Mensch das „Nichteingreifen", das Wu Wei, kann er in Übereinstimmung mit der Natur leben. Denn alle Zustände sind von Natur aus friedlich

Ein daoistischer Straßenschrein in China mit Opfergaben von Schwein und Geflügel vor den Gottheiten.

und harmonisch. Hat der Mensch aber das Dao erkannt und handelt in Übereinstimmung mit den Gesetzen der Natur, wird er Harmonie im eigenen Leben erreichen.

Mit der Lehre bildete sich etwa im 2. Jahrhundert v. Chr. ein religiöser Daoismus mit zahlreichen Offenbarungstexten, einer Reihe verbindlicher Schriften, einem Priestertum, vielen Ritualen und Zeremonien sowie einem Pantheon an Gottheiten heraus. Im Zentrum des religiösen Daoismus steht vor allem die Suche nach der Unsterblichkeit.

▮ Wer war Laotse?

Laotse gilt als einer der geistigen Väter des philosophischen Daoismus. Wann und ob er wirklich lebte, lässt sich allerdings nicht mit Bestimmtheit klären, denn markante Zeugnisse gibt es nicht, nur Erwähnungen, Vermutungen und Legenden. Nach der Überlieferung stammt Laotse aus dem Dorf Huhsien im Land Ch'u. Er war ein Zeitgenosse des Konfuzius und lebte vermutlich im 6. Jahrhundert v. Chr. Sein Familienname war Li, sein Vorname Erh, sein Großjährigkeitsname Tan. In der Literatur wird er deshalb auch Lao Tan genannt. Laotse (Laotzu) bedeutet wörtlich übersetzt so viel wie „alter Meister".

Um seine Geburt ranken sich einige Legenden. So soll ihn seine Mutter über einen Sonnenstrahl im 81. Lebensjahr empfangen und noch einmal so viele Jahre im Leib getragen haben, ehe er aus ihrer Seite heraus auf die Welt kam. Bereits bei der Geburt sei sein Haar weiß und er der Sprache mächtig gewesen.

Nach einigen Biographen soll Laotse als Archivar oder Historiker am Hofe des Königs gearbeitet und dort auch unruhige politische Zeiten überdauert haben. Als aber die moralische Ordnung der Herrschaft zusehends verfiel, legte er sein Amt nieder und wollte das Land verlassen. An der Grenze, wohl der Chinesischen Mauer, traf

551 –479 v. Chr.	Lebenszeit des Konfuzius, ähnliche Lebenszeit des Laotse	**618–907**	Herrschaft der T'ang
399 – 295 v. Chr.	Lebenszeit des Zhuangzi	**1368–1644**	Herrschaft der Ming-Dynastie, Blüte der volkstümlichen Verehrung
206 v. Chr. – 220 n. Chr.	Herrschaft der Han-Dynastie	**1644–1911**	Herrschaft der Ch'ing-Dynastie (Mandschuren)
150 n. Chr.	Der religiöse Daoismus entsteht in feierlichen Zeremonien, Laotse wird zum Gott erhoben.	**1911**	Chinesische Revolution, Sturz der Monarchie
190–220	theokratischer Staat der „Fünf-Scheffel-Reis-Schule"	**1912–1949**	Chinesische Republik
		1949	China wird kommunistisch.
2. Jh.	Der Daoismus breitet sich aus.	**1965–1976**	Kulturrevolution, Religionen werden verfolgt.
3. Jh.	Der Buddhismus gewinnt zunehmend an Einfluss und verdrängt konfuzianisches Denken.	**1976**	Tod Mao Zedongs, seitdem Duldung religiösen Lebens

er auf den Passwächter Yin Xi, der ihn bat, ein Buch zu verfassen, sei es, um seine Erfahrungen niederzuschreiben oder um sich den Übertritt zu erkaufen. Laotse legte daraufhin das 5000 Wörter und 81 Kapitel umfassende Daodejing (Tao Te King) nieder, in dem er sich mit dem Dao und De auseinandersetzte. Daraufhin wandte er sich in Richtung Westen und verschwand. Die mythische Figur blieb bis heute erhalten, als Begründer einer Lehre, die auf Frieden und Güte basiert und damit neue Denkanstöße in die chinesische Geisteswelt brachte.

■ Der Philosoph Zhuangzi

Zwischen 399 und 295 v. Chr. lebte Zhuangzi, der eine weitere wichtige Schrift des Daoismus verfasste, die als Titel seinen Namen trägt. Beeinflusst von den politischen Unruhen, suchte Zhuangzi die Erlösung darin, sich vollkommen aus politischen Aktivitäten fernzuhalten. Er hob

Statue des chinesischen Gottes der Langlebigkeit.

das philosophische Denken auf die metaphysische Ebene und wendete sich von der Möglichkeit ab, durch gesellschaftliche Reformen die Menschen zu verändern. Er vertrat die Ansicht, alle Dinge sich selbst zu überlassen, nicht nur ohne in Prozesse einzugreifen, wie Laotse lehrte, sondern ohne daran beteiligt zu sein. Damit folge die Kraft des Dao ihrem natürlichen Lauf. Nach seinem ,,Prinzip der Gleichwertigkeit" ist alles in der Natur von gleichem Ursprung und damit nicht unterschiedlich viel wert, sondern gleichbedeutend. Versteht der Weise seine Natur, kann er ihr folgen, ohne sie zu verbiegen. Überlässt er also die Dinge sich selbst und dem Fluss, wird auch er sich ändern. Die eigenen Bedürfnisse und Begierden durchbrechend, erlangt der weise Mensch nach der Lehre des Zhuangzi die Erleuchtung im zurückgezogenen, meditativen Leben, das ihm die Vereinigung mit dem Dao ermöglicht.

Was bedeutet ...

Dao	der Weg
Daodejing	auch Tao Te King, das ,,Buch vom Weg und seiner Kraft"
De	lebendige Kraft des Dao
Ch'i	die sich wandelnde Energie, Lebensenergie
Fu	Rückkehr zum Ursprung
Jing	die Lebensessenz
Laotse	chinesischer Philosoph
Yang	Urgewalt, verdeutlicht das aktive, schöpferische, männliche Prinzip
Yin	Urgewalt, verdeutlicht das passive, empfangende, weibliche Prinzip
Shen	der Geist
Wu Wei	das Nichteingreifen, die natürliche Spontaneität
Wu xing	die fünf Elemente: Holz, Feuer, Metall, Erde und Wasser
Zhuangzi	chinesischer Philosoph

Daoistische Schriften

Als eines der Hauptwerke gilt das von Laotse verfasste Daodejing (Tao Te King), das nach der fiktiven Lebenszeit Laotses gegen 500 v. Chr. entstanden zu sein scheint, wohl aber zwei Jahrhunderte später tatsächlich formuliert wurde. Das Buch gliedert sich in 81 kurze Kapitel, die sich mit dem Dao auseinandersetzen. Die ersten 37 bilden das ,,Buch vom Weg", die nachfolgenden 44 das ,,Buch vom De" (der Kraft).

Ein weiteres wichtiges Werk ist das Zhuangzi, das nach seinem Hauptverfasser benannt wurde. Zhuangzi (399–295 v. Chr.) schrieb wohl nur die ersten sieben Kapitel selbst, die als ,,innere Bücher" bezeichnet werden, in denen er sich seinen Hauptlehren widmet. Weitere 15 ,,äußere" und 11 ,,gemischte" darin enthaltene Bücher werden anderen Verfassern und Schülern zugeschrieben. In den darauf folgenden Jahrhunderten entstanden eine Reihe philosophisch-religiöser Schriften wie das nach seinem Verfasser benannte ,,Liezie" (das wahre Buch vom quellenden Urgrund), das die Ansicht unterstützt, das Leben bewusst und intensiv zu nutzen und zu genießen. Bis heute gehört das Huangdi neijing, der ,,Klassiker des Gelben Kaisers", zu den Lehrbüchern der Mediziner, die nach den Regeln der traditionellen chinesischen Medizin heilen. Der Gelbe Kaiser war ein Vorfahre, ein mystischer Regent, der als Gründer Chinas unsterblich wurde. Viele Schriften des religiösen Daoismus gelten auch als Offenbarungen, die den Weg zur Unsterblichkeit weisen sollen.

Tai Ch'i ist ein Heilsweg, Harmonie zu finden und eins mit dem eigenen Wesen und der Natur des Kosmos und damit eins mit dem Dao zu werden.

Die Lehre des philosophischen Daoismus

🟨 Das Dao

In der chinesischen Tradition und Philosophie taucht das Wort „Dao" (Tao) oft auf. Meist bezeichnet es den Ablauf in der Natur als zugrunde liegendes kosmisches Gesetz. Die einzelnen Schulen interpretieren das Dao, das auch „Weg" bedeutet, anders. So sehen Konfuzianer das Dao als prinzipielles Gesetz, das mit dem Einhalten

> **„Das Dao tut nie etwas,**
> **doch durch es wird alles getan."**

der Riten und einem tugendsamen Leben zu einer guten Gesellschaft führt. Laotse gab dem Dao eine metaphysische Bedeutung und versuchte im Daodejing, dieses allumfassende Prinzip in Worte zu fassen.

Im Daoismus bildet das Dao seitdem den Urgrund allen Daseins, gilt als der höchste Zustand

und die vollkommene Leere, die nicht zu beschreiben ist. Das Dao ist kein Gott oder Schöpfer, aber die höchste schöpferische Kraft. Es zeigt den Weg, den ein Individuum beschreiten kann, um in Einklang mit der Natur zu leben. Erkennt also der Mensch das Dao und handelt er entsprechend, findet er die Harmonie im Kosmos.

🟨 Das Ch'i

In der chinesischen Tradition und Philosophie taucht das Wort „Dao" (Tao) oft auf. Meist bezeichnet es den Ablauf in der Natur als zugrunde liegendes kosmisches Gesetz. Die einzelnen Schulen interpretieren das Dao, das auch „Weg" bedeutet, anders. So sehen Konfuzianer das Dao als prinzipielles Gesetz, das mit dem Einhalten der Riten und einem tugendsamen Leben zu einer guten Gesellschaft führt. Laotse gab dem Dao eine metaphysische Bedeutung und versuchte im Daodejing, dieses allumfassende Prinzip in Worte zu fassen. Ch'i ist der Antrieb des Universums und allen Lebens. Wir sehen es in der verdichteten Form als Materie.

In der unverdichteten, nichtmateriellen Form ist das Ch'i für die meisten Menschen nicht sichtbar. Diese Urenergie teilte sich in Yang Ch'i und Ying Ch'i. Das Yang Ch'i, das hell und licht ist, floss aufwärts und bildete den Himmel, das Ying Ch'i, das dunkel und trüb ist, ging abwärts und formte die Erde. Wo sich beide Bereiche miteinander vermischen, entsteht das Reich des Menschen. Hier gibt es kein reines Yin und Yang, sondern eine Mischung.

■ Yin und Yang

Die beiden Grundprinzipien Yin und Yang bestimmen die Dynamik des Lebens, sie bedingen einander und ergänzen sich wie zweipolige Kräfte. Während das Yin weich und nachgebend, dunkel und feucht ist und für das Weibliche steht, ist das Yang hell, licht, trocken, warm, hart und steht für das Männliche. Beide Seiten stehen in Wechselwirkung miteinander, sie stehen in einem Austausch, bringen sich gegenseitig hervor und stehen für das manifestierte Dao. Beide Seiten sind im Menschen vorhanden. Befinden sich die beiden Kräfte im Gleichgewicht, lebt der Mensch harmonisch. Zwar kann und darf sich der Zustand in bestimmten Situationen zugunsten einer Kraft verschieben, sollte sich aber bald wieder ausgleichen. Frauen tragen die Yin-Energie außen und das Yang innen, bei Männern ist dies umgekehrt.

Alles befindet sich im Wandel. Yin und Yang stehen dabei in einem Kreislauf und folgen ständig einander, so wie sich Geburt, Wachstum, Tod und Zerfall ablösen.

Yin und Yang ergänzen sich im Wechselspiel als Paar miteinander. Sie stellen ein dem Kosmos innewohnendes Ordnungsprinzip dar.

> „Wenn Männliches und Weibliches sich verbinden, erlangen alle Dinge Einklang."

■ Wu Xing – die fünf Elemente

Verwandlungen in der Natur beruhen nicht nur auf dem Yin-Yang-Prinzip, sondern sind auch fünf Elementen zuzuordnen. Der Begriff Element entspricht hier nicht dem westlichen Verständnis, sondern ist als metaphysische Kraft oder Phase anzusehen. Die fünf derartigen Phasen sind: Holz, Feuer, Metall, Erde und Wasser. Auch sie sind dem Yin und Yang zuzuordnen. So haben Feuer und Holz Yang, Metall und Wasser Yin, während sich Erde neutral verhält. Die fünf Elemente wirken in einem bestimmten Zyklus im Kosmos. So ruft jeweils das eine Element in der Reihenfolge Holz-Feuer-Erde-Metall-Wasser das nächste hervor, während es im Zyklus Feuer-Wasser-Erde-Holz-Metall das vorherige zerstört.

In der Natur kann also das eine Element ein anderes blockieren oder fördern. Im Jahreslauf dominiert jeweils ein Element während einer Jahreszeit, auf der Erde sind die Himmelsrichtungen Elementen zuzuordnen, sie bestimmen im Tageslauf die Stunden, im Körper die Organe. Wird alles zusammen betrachtet, erschließt sich ihr Wirken. Seit dem 1. Jahrtausend vor der christlichen Zeitrechnung arbeiten nach dieser Methode die chinesischen Mediziner und bestimmen die Krankheiten anhand der Verteilung von Yin und Yang sowie der Wirkung der Elemente. Wirkt alles ausgewogen, findet ein harmonischer Kreislauf in Natur und Kosmos statt.

■ Jing, Ch'i und Shen – die drei Schätze

Den menschlichen Körper bestimmen – als Spiegelbild der kosmologischen Sicht – drei Schätze: die Essenz Jing, die Lebensenergie Ch'i und der Geist Shen. Sie entsprechen den mentalen, physischen und energetischen

Daseinsebenen und bestimmen den Zustand eines Menschen. Lebt der Mensch mit seinen drei Schätzen in Harmonie, so ist er gesund.

Den drei Energien wird im Körper ein Platz zugeordnet. So ist Jing als Essenz und Fundamentalkraft im Beckenbereich angesiedelt und sorgt unter anderem für den Halt im Leben und die sexuelle Energie. Die Lebensenergie und Vitalkraft Ch'i befindet sich in der Gegend des Solarplexus, von wo aus sie für das physische und psychische Wohlbefinden verantwortlich ist. Das freie Fließen von Ch'i ist die Voraussetzung für ein langes und gesundes Leben. Am Oberkopf sitzt Shen, die geistige Energie, die fähig ist, das Dao zu erkennen und sich mit dem Universum zu verbinden.

Wasser ist eines der fünf Elemente der Natur. Als metaphysische Kraft ist es dem Yin zuzuordnen.

■ Wu Wei – das Nichteingreifen

Da die Natur und der Kosmos von sich aus in Einklang sind, liegt es am ungeschickten Eingreifen des Menschen, wenn die Harmonie gestört wird. Wu Wei, das Nichteingreifen, bedeutet also nicht, jegliches Handeln zu unterlassen, sondern so angemessen zu handeln, wie es der Augenblick erfordert. Der Mensch schafft dies, indem er sich des Daos durch intuitive Erkenntnis bewusst ist und ohne Eitelkeit oder den Zwang, die Natur dem menschlichen Willen unterzuordnen, sondern spontan mit freiem Geist im Einklang mit der Umwelt lebt und angemessen handelt.

Daoistischer Altar mit Opfergaben, die aus Speisen, Räucherstäbchen und Kerzen bestehen.

Kult und Glaube

Im Alltag nach dem Dao zu leben heißt, jeden Moment bewusst zu erleben. Statt sich den Ereignissen zu widersetzen oder gegen die Natur zu kämpfen, findet sich der Heilsweg darin, eins mit dem eigenen Wesen und der Natur des Kosmos und damit eins mit dem Dao zu werden. In der Meditation und dem gesunden Leben offenbart sich der Weg zur Balance. Wird sich dabei in die stattfindenden Prozesse nicht eingemischt, eröffnet sich ein wirkungsvolles, spontan gesundes Handeln im Alltag, das im Einklang zur Natur steht.

Ein weiteres Ziel des Daoismus ist die Erlangung der Unsterblichkeit. Die Philosophen sehen den Prozess als die metaphysische Verschmelzung mit dem Dao an, wobei der physische Körper zurückgelassen wird. Nach dem körperlichen Tod kann sich das befreite Bewusstsein aber nur dann mit dem Dao vereinigen, wenn es der Mensch in seinem Leben kultiviert hat. Dies schafft er, indem er in Einklang mit der Natur

lebt. Er hält seinen Körper mit Ernährung, Meditation und Bewegungs- und Atemtechniken gesund, erlaubt sich einen glücklichen, großzügigen Geist und ein einfaches, bescheidenes Leben frei von Eitelkeiten, Zwängen und Verlangen. Verschmilzt das befreite Bewusstsein nach dem physischen Tod mit dem Dao, dann wird er nicht von diesem „verschluckt", sondern selbst zum Dao.

Verschiedene daoistische Strömungen nehmen die Unsterblichkeit durchaus wörtlich und versuchen den Körper mit Alchemie und Lebenselixieren physisch unvergänglich zu machen.

Der religiöse Daoismus

Aus den Lehren des philosophischen Daoismus entwickelte sich bald ein religiöser Daoismus, der Eingang in die Volksreligion fand. In China war und ist es durchaus üblich, Einflüsse aus daoistischem, konfuzianischem und buddhistischem

Denken in den Alltag und die religiösen Systeme aufzunehmen. Auch in der daoistischen Religion übernahm keine einheitliche Kirche oder Autorität die Führung der Theorie. Vielmehr entstanden zahlreiche Schulen mit zum Teil recht unterschiedlichen Lehrmeinungen. Auch bildete sich ein reiches Pantheon mit einer Vielzahl an Gottheiten, Geistern und Unsterblichen, die in bestimmten Hierarchien zueinander stehen und das Schicksal auf der Erde bestimmen. Die Gläubigen müssen deshalb häufig mit ihnen in Kontakt treten. In rituellen Zeremonien erbitten sie Schutz und Unterstützung. Als Mittler zwischen Mensch und Geisterwelt fungieren die Priester, die die Zeremonien bestreiten. Die Anbetung findet in religiösen Ritualen, liturgischen Gesängen, im Rezitieren von Texten und mit symbolischen Opfergaben statt. Auch werden der Sexualenergie andere Kräfte zugemessen, wodurch der Heilsweg im Gegensatz zu anderen religiösen Systemen nicht unbedingt an Askese und Enthaltung geknüpft ist.

▪ Der daoistische Pantheon

Der Pantheon gliedert sich in die Himmlischen Gebieter (Tianzun), Kaiser (Di) und Kaiserin (Hou), in König (Wang), Unsterbliche (Xian) und Geister (Shen).

Zu den himmlischen Gottheiten, die es seit jeher gab, kamen mit den Jahren Sterbliche hinzu, die ebenfalls Unsterblichkeit und damit einen Platz im Götterhimmel erlangten.

Laotse stieg zur höchsten Gottheit empor. Obwohl er als Lebender die Unsterblichkeit errang und damit in der Hierarchie weiter hinten angesiedelt sein müsste, gehörte er bald den Gottheiten an, die es schon gab, bevor die Zeit begann: Denn Laotse gilt als Mensch gewordenes Dao, was ihm den höchsten und ältesten Platz sichert.

Ihm folgen in der Hierarchie die Drei Reinen: der Himmlische Ehrwürdige des Urbeginns, der Himmlische Ehrwürdige des Schatzes des Geistes und der Himmlische Ehrwürdige des Dao und De. Sie regieren in drei Himmeln.

Der oberste Herrscher und Richter im Himmel ist der Jadekaiser Yu Huang, der nach dem Tod über die guten und schlechten Taten des Menschen befindet. Er hat die Macht über alle Lebenden und Toten, alle Dämonen, Geister und anderen Gottheiten.

Ebenfalls in einem Palast residiert Xiwang mu, die Königinmutter des Westens, die das lange

Glücksbringer in China bestehen aus Rot, der Farbe des Glücks, und Jade, dem beliebtesten Edelstein des Landes.

Die Meditation

Die Meditation soll den Geist beruhigen, der von Wünschen und Sehnsüchten abgelenkt wird, die Ängste und Sorgen hervorrufen. In der Meditation kann der Mensch Ruhe und Harmonie finden. Die Stille bewirkt, dass jedes Geschehen zur Ruhe kommt. Erst wenn alle Begrenzungen schwinden, kann der Mensch sein wahres Selbst erkennen.

Der Philosoph Zhuanhzi sah in der Meditation die Möglichkeit, alles um sich herum zu vergessen, das bewusste Denken aufzugeben, den Körper zu verlassen und sich mit dem Dao zu vereinigen.

Leben und die Unsterblichkeit geben kann mithilfe der Pfirsiche, die Unsterblichkeit verleihen und als beliebtes Motiv Eingang in die chinesische Kunst fanden. Das Elixier der Unsterblichkeit spendet Tou mu, die Mutter des Großen Bären, die acht Arme besitzt, in denen sie Sonne und Mond hält. Zu den großen Gottheiten gehören noch der Himmlische Gebieter des Anfangs, der über das Totenreich herrscht, die sieben Sterne des Himmels, die Gesundheit und Vitalität spenden, sowie die drei Herrscher, die die Befehle des Jadekaisers ausführen und Wohlstand und Glück an diejenigen vergeben, die es verdienen.

Von den späteren himmlischen Gottheiten stehen die acht Unsterblichen im höchsten Rang. Sieben Männer und eine Frau lebten nach daoistischen Grundsätzen, wodurch sie die Unsterblichkeit erlangten. Ihr Weg dahin wird gern in der chinesischen Kunst und Kultur dargestellt. Im Allgemeinen verhelfen sie zum Glück.

Eine besondere Stellung innerhalb der niederen Gottheiten nimmt der Küchengott Zaojun ein, der in wohl jedem Haushalt Chinas anzutreffen ist. Er sorgt für die Familie und gilt als Mittler zwischen den Menschen und den Göttern. Gegen Ende des alten Jahres wird er in den Himmel geschickt, um seinen Bericht abzuliefern, indem die Familie ein Abbild verbrennt. Damit Zaojun nur Gutes erzählen kann, wird sein Mund mit Honig umschmiert und mit Süßigkeiten verklebt.

Der Daoismus ist heute in zahlreichen täglichen Handlungen zu finden, in Meditations- und Atemtechniken, in der Suche nach Harmonie und langem Leben. Im chinesischen Alltag vermischte er sich stark mit anderen religiösen Strömungen und ist Teil einer Volksreligion, die so vielfältig wie ein Hausaltar in der Familie ist.

Im Westen nehmen die Menschen mehr denn je in ihre Suche nach einem sinnvollen harmonischen Leben daoistisches Gedankengut auf, das in vielen Ansätzen konträr zum urbanen Leben steht.

Statuen des chinesischen Gottes des Reichtums (links) und des Gottes des Glücks (rechts).

Begräbnisrituale sind auf einzelne Personen ausgerichtet und bestehen auch aus Opfern von Räucherstäbchen und Lebensmitteln. Sie dienen der Errettung der Seele.

Register

© 2020 design cat GmbH

Genehmigte Lizenzausgabe
NEUER KAISER VERLAG GmbH
Industriestraße 19
64407 Fränkisch-Crumbach 2020
www.neuer-kaiser-verlag.de

ISBN 978-3-8468-0030-0

Text: Anke Fischer
Layout, Satz und Umschlaggestaltung:
design cat GmbH

Bildnachweis:
Shutterstock:4045 187; Africa Studio 34; Ailisa 178; Aleksandar Todorovic 125; alexnika 141; Alohaflaminggo 140; Andrea Izzotti 102; Anke Fischer 57, 58, 69, 104, 112, 114, 116-118, 120, 149, 153, 157, 159, 160, 161, 165, 167; Anthony Ricci 156; Antiquariat R. Mehrdorf 15, 17, 20, 28, 35, 36, 47, 51, 58, 62, 67, 68, 80, 86, 89, 111, 135, 145, 155; aphotostory 7; ARAVIND TEKI 118; Billion Photos 41, 75; Bule Sky Studio 162; bumihills 142, 143; Brian A Jackson 59; casejustin 170; CGN089 139; ChameleonsEye 39; CherylRamalho 99; Christine Osborne Pictures 3, 23, 31, 33, 38, 78, 83, 84, 87, 101, 121, 127, 190; CRS Photo 163; Daria Dobrovolska 66; David Cohen 32; David Scarborough 79; Dmitri Mikitenko 64, 100; EL BANCO04 150; Elena Elisseeva 42; ESB Professional 160; everst 6; Facecontrol.it 95; frank60 9; Frank Bach 52; Giacomo Gori 61; IVASHstudio 134; Jixin YU 147; kavram 13; Kdonmuang 92; kirill_makarov 63; Kobby Dagan 71; Kurkul 123; lapas77 175; leolintang 8; mai111 136-137; marekuliasz 180; Matej Kastelic 81; Matt Hahne-wald 108; Mrs_ya 82; MstudioG 11; Myroslava Bozhko 119; Nataliya Kalcheva 5; New Africa 75; NickolayV 53; Nurlan Mammadzada 90; Odua Images 93; OPIS Zagreb 19; Panacea Doll 21; Paul Vinten 85; Philip Lange 169; Phubet Juntarungsee 158; Pikoso.kz 98, 110; Pisit Boonma 109; PunkbarbyO 115; Quang nguyen vinh 60, 190; Rawpixel.com 8; recai cabuk 88; Renata Sedmakova 48, 50; Riccardo De Luca 64; Roman Yanushevsky 12; Romolo Tavani 44; Sean Hsu 94; Shutter Echo 189; SNEHIT PHOTO 117; Snehal Jeevan Pailkar 133; Spiroview Inc 18, 26; Steve Allan 14, 24-27, 30, 37, 43, 45-47, 66, 142, 147, 173; StockImageFactory.com 97; StunningArt 7; Sufi 77; tjasam 124; tomertu 29; umut rosa 91; Vietnam stock photos 184; Vinod Jain 9, 105, 113, 116, 119, 120-122, 124, 181; wideonet 65; Wootipong Sirinanant 138; YingHui Liu 76; yurakrasil 107; zhu difeng 185; vinodbahal from Shimla, India (https://commons.wikimedia.org/wiki/File:A_yagyopaveet_sanskar_upanayana_samskara.jpg), „A yagyopaveet sanskar upanayana samskara", https://creativecommons.org/licenses/by/2.0/legalcode 106;
Weitere Bilder: Archiv